U0647574

美学新语

Aesthetics Talk

余 群 / 著

ZHEJIANG UNIVERSITY PRESS
浙江大学出版社

前　言

一

程颢尝言："吾学虽有所受，'天理'二字却是自家体贴出来。"套用他的这句话来说，我的学问虽然有所授受，但是此书之新语，主要还是从自己的身心中体贴出来的。书中观点来自教学，所以，仍然要回到教学之中。当然，教学之时，仅有这些内容显然是不够的，毕竟学生一届又一届地更换，教师的知识也要与时俱进。所以，要想有新内容，还是得有"自得"之学。所谓"随处体认"天地之美，关键还是要靠真心去体会，用眼睛去观赏，从而不断得到灵感。

本书曾经打算命名为"美学心语"，但自己并不非常满意。因为，以"心语"命名的专著，比比皆是。而且本书也并不仅仅是心灵之语，还涉及许多新颖的观点、问题。所以，命名为"美学新语"，感觉更为妥当一些。一是"新语"本来就是一种心语。因为没有心灵的感悟，也就无法创新。二是"新语"主要是为了凸显本书的创新之处。至于"美学杂谈""美学入门"之类的命名，更觉老套，所以弃置不顾。至于创新，说得通俗一些，就是把两件或几件看似没有关联的事物，联系在一起来思考。例如，汉字"玩"的内涵，跟康德、席勒美学中所说的"游戏"是一个意思。当两者联系起来，"玩"就产生了新意。小朋友需要"玩"，大人也需要"玩"，"玩"使人摆脱功利的欲望，进而单纯以审美的态度对待所从事的工作或学习，这样就很容易产生一种执着的精神。如果以这种精神长期沉浸于工作或学习中，就会获得美的享受，并在愉快的情境中顺利地完成任务。

本书也是我教学实践的收获。正因为有学生们的热情捧场，我才有激情，有动力，努力想把课上好。上课是一门艺术。有的老师上课给人一种如沐春风的享受，轻轻松松地让人跨过高山大川；有的老师上课让人兴味索然，甚至疲惫不堪，听时不知所云。知道这一点，我当然就不能马虎，不敢奢望自己的教学水平让人眼前一亮，但希望以饱满的热情讲解自己的心得，与学生们共同分享快乐的时光。教学相长，感谢学生们上课的专心致志，凝视静听，让我有时思如泉涌、新见迭出。虽然灵感是偶然的，但在长期的教学中，也能集腋成裘，聊以成篇。

本书的目的主要在于为读者提供一个比较新颖的视角。也许由于本人是左撇子，看待问题常常与周围人有所不同，所以，本书也可以说是"左手思维"的一个结晶吧。

我经常跟学生们说，对于美学理论，主要不是看其对不对，而是看有没有道理。因为，美学不是公式，人对美的感受和评价不可能千篇一律。王国维在《人间词话》中说道："诗人对宇宙人生，须入乎其内，又须出乎其外。入乎其内，故能写之；出乎其外，故能观之。入乎其内，故有生气；出乎其外，故有高致。"这就是说，艺术家对于宇宙人生，既要有深入的理解，又要有超脱的眼光，做审美的观照。创作是这样，读书也应当如此，务必踏踏实实，对于经典，更要满怀敬畏之心，认真地阅读和品味，这样才能以自己的生命去感悟书中的生命，领悟其中的真谛。但是，读书又不能受其约束，而应当走出来，让书本知识和生活体验融会贯通。只有这样，才能获得高雅的情致、审美的享受。

值得一提的是，我之所以要耐心地撰写此书，主要是因为，美学在我们的生活中扮演着极其重要的角色，它不仅可以让我们增长知识，还可以陶冶情操，怡养心性。

美学如此重要，原因在于，美是生活中的诗情画意、甘霖玉液。美能滋润我们的心田，提升我们的品位，所以，拥有一双发现美的眼睛就显得意义非凡。当然，要想领悟人世间的美好，自身提高修养和境界也是必要的前提条件。古罗马哲学家普洛丁在《九卷书》中说："眼睛如果还没有变得像太阳，它就看不见太阳；心灵也是如此，本身如果不美也就看不见美。所以一切人都须先变成神圣的和美的，才能观照神和美。"人只有变得神圣和美，才能欣赏到美。所以，人要想感化别人，自身就应当是一个高尚的人。马克思在《1844年经济学哲学手稿》中说："如果你想得到艺术的享受，那你就必须是一个有艺术修养的人。如果你想感化别人，那你就必须是一个实际上能鼓舞和推动别人前进的人。你跟人和自然界的一切关系，都必须是同你的意志的对象相符合的、你的现实的个人生活的明确表现。"马克思认为，我们跟其他人和自然界的一切关系，都是自我意志的反映，也是自我生活的体现。

人生在世，我们并不是来吃喝玩乐的，而是来装点世界、美化人间，并尽情地欣赏彼此创造出来的真善美的。这正如古罗马哲学家朗吉弩斯在《论崇高》中所说："天之生人，不是要我们做卑鄙下流的动物；它带我们到生活中来，到森罗万象的宇宙中来，仿佛引我们去参加盛会，要我们做造化万物的观光者，做追求荣誉的竞赛者，所以它一开始便在我们的心灵中植下不可抵抗的热情——对一切伟大的、比我们更神圣的事物的渴望。"正因为如此，我们要以饱满的热情来追求神圣的事物，与圣贤之人对话，体会真善美，丰富想象，激发潜能，因为审美可以让我们的身心得到解放。这正如黑格尔在《美学》一书中所说的那样："审美带有令人解放的性质，它让对象保持它的自由和无限，不把它作为有利于有限需要和意图的工具而起占有欲加以利用。"

审美可以让我们摆脱欲望、忘记功利，我们可以通过审美获得更多的幸福。因为，一个人的幸福以他的环境和财物为底线，而以其审美能力为上限。幸福虽然要以一定的物质为基础，但最根本的还是由其审美力来决定。审美力越大，也就越容易感受到幸福。一个人所占有的世界，就是其感受的世界。以美食为例，美味的程度依赖于品尝者的能力，所以，美食也未必一定能够让人感觉美滋滋。假如没有这种品尝能力或心情，你可能无法理解其中的滋味，甚至连品尝的愿望都没有。这就是说，要理解美味，应当具备两个条件：一是亲自品尝，有真切的体会；二是具备素养，能够体验到其中的滋味。不品尝，根本不知道其中的味道，但只品尝，而没有美感，也是徒劳。依此可知，别人身边有美女、豪宅，固然值得羡慕，但如果他们没有发现美的能力，也不会从美的角度去欣赏，那就没有太多意义。也许你身边没有美女、豪宅，但你能够发现美，从美的角度去欣赏，并把自己对于美的领悟力发挥到极致，那也是幸福快乐的。套用海德格尔"到手"与"上手"之说法，我们也可以这么说，"到手"的东西固然可喜，但"上手"的东西更值得自豪、津津乐道。与其想方设法去拥有外在的美好事物，还不如竭尽全力地提升自己的心灵境界，从而使自己成为一个懂得审美的人，因为，懂得审美比拥有美好的事物更有价值。美也是要讲究匹配的。对于100分的美，如果自己只有60分的审美力，那也只能享受60分的美。依此类推。每个人享受的美，其实就是自身的美感与周围的美好事物之间的相交和重叠。自身的美感100分，周围的美好事物是60分；自身的美感是60分，而周围的美好事物是100分，这两者所享受的美是等值的。可见，想要提高审美享受的上限，就应当增加阅历、提高修养、促进阅读，从而提高自己的审美力。

　　如今，只满足于物质的时代早已结束，取而代之的是追求精神满足的时代。所以，拥有权力和钱财固然值得庆幸，但是真正能够享受幸福的人，还是那些懂得发现美、欣赏美的人。可以这么说，拥有一双审美眼睛的人，在现代社会中，可以愉快地从事自己的职业、享受自己的生活。因为他们不会为钱财而操心，也不会为权力而奔波，他们可以抛开任何功利性目的，专注于自己的爱好。事实上，全身心投入审美之中，就会忘记烦恼和忧伤，从而得到幸福的高峰体验。毕达哥拉斯说："生活就像是一场体育比赛，有些人是摔跤手，另外一些人是小贩，而最好的却是观赏者。"

虽然我们不可能都成为专业美学家，但成为一个业余的美学家还是可以实现的。毕竟，上天赋予了我们美感的天性，每一个人都是天生的美学家，只要把生活经营得有滋有味，丰富多彩，你就是一个生活之中的美学家。美无处不在，无时不在，这正如海德格尔所说："美是无蔽性真理的一种呈现方式。"所以，美学家就是生活之中的你我他。美学家并不都要拿起笔墨来创作，或者打开话匣来表达，只要把生活诗意化，就是一种创作、一种表达。这就是诗和远方。

可见，一个懂得欣赏、懂得审美的人，其实是一个全面发展的人，一个自由的人，一个懂得约束自己、保持平静的人。他表现出的是平静、祥和，他就是美的。这样，就与世界构成了一幅画卷，从而进入别人的审美视野，成为别人心目中的风景。

其实，诗和远方一直都围绕在我们的身边。不仅自然为我们提供了诗一般的景致,古人也为我们留下了无穷的圆形智慧。儒家思想让我们积极进取,道家思想让我们少一些折腾。一进一退,循环往复,构成了一个圆圈式的人生。所以,珍惜当下,懂得传承,就是聪明之人。

二

本书的核心是探讨美的问题,所以,我们必须问:美是什么?美是具体的事物吗,是人心的感觉吗,还是两者兼而有之?美端坐在事物上,还是来自人的心灵?这个问题,看似简单,其实玄之又玄。

对此,李泽厚的观点给人颇多启迪。李泽厚在《美学四讲》中说:"'美是什么'如果是问美的事物、美的对象,那么这基本是审美对象问题。如果是问哪些客观性质、因素、条件构成了对象、事物的美,这是审美性质问题。但如果要问这些审美性质是从何来的,美从根源上是如何产生的,亦即美从根本上是如何可能的,这就是美的本质问题了。可见,所谓'美的本质'是指从根本上、根源上,从其充分而必要的最后条件上来追究美。……只有从美的根源,而不是从审美对象或审美性质来规定或探究美的本质,才是'美是什么'作为哲学问题的真正提出。"李泽厚认为,"美是什么"涉及审美对象、审美性质、美的本质等三个方面的内容。此论述虽然比较全面,但还是有所遗漏,因为,"美是什么"还包括美的体验问题。

　　事实上，"美是什么"涉及审美对象、审美性质、美的本质和审美体验等四个方面的问题。其中，美的本质是最核心的内容。

　　对此，早在古希腊时期，柏拉图就探讨了这个千古难题。他通过列举美的各种事物，以及视觉和听觉等快感来寻找答案，但都没有找到那个"美"。柏拉图发现美与美的事物是两个不同的概念，美具有超越美的事物的本体性和永恒性。因此，他要求我们彻悟美的本体。柏拉图曾说："这种美是永恒的，无始无终，不生不灭，不增不减的。……彻悟美的本体。"柏拉图深知，能够列举的仅仅是具体的美的事物，但是那个永恒的美到底在哪里，却又不得而知。他最后的结论是："美是难的。"是的，美是难的，然而，我们又不得不考虑如何给美下一个恰当的定义，因为这是探讨美的本质中无法回避的问题。

　　正因为如此，古今中外，不少学者知难而上，想方设法为美定义，以解决这个让人头痛的难题。虽然见仁见智，但也从不同的角度提出了颇有价值的理论，值得后人认真地思考和学习。兹举几例说明之。

　　孟子在《尽心下》有言："可欲之谓善，有诸己之谓信，充实之谓美，充实而有光辉之谓大，大而化之之谓圣，圣而不可知之之谓神。"孟子认为，美就是自身之善的充实。

　　许慎在《说文解字》中说："美，甘也。从羊，从大。羊在六畜主给膳也。美与善同意。"

　　亚里士多德在《政治学》中说："美是一种善，其所以引起快感正是因为它是善。"

康德在《判断力批判》中说："美是不依赖概念而被当作一种必然的愉快的对象。"

黑格尔在《美学》中说："美是理念的感性显现。"

席勒在《美育书简》中说："美是……游戏冲动的对象。"

车尔尼雪夫斯基在《生活与美学》中说："美是生活。"

海德格尔在《荷尔德林诗的阐释》中说："美是无所不在的现身。"

李泽厚在《美学四讲》中说："美是自由的形式。"

牟宗三在《以合目的性之原则为审美判断力之超越的原则之疑窦与商榷》一文中说："主观来看，美是妙慧妙感，客观来看，美是气化之多余的光彩。"

从上面的分析来看，对于美的定义，西方的观念与中国传统观念存在着明显的差异。西方人谈美往往紧紧围绕美来做文章，但中国人常常采用迂回曲折的方式来说明问题。叶朗在《中国美学史大纲》中说："中国古典美学体系的中心范畴并不是'美'。只抓住一个'美'字根本不可能把握中国古典美学体系。因此，我们不能从'美'这个范畴开始研究中国美学史，也不能以'美'这个范畴为中心来研究中国美学史，否则我们便不可能把握中国美学史的发展线索及其全部丰富内容。同样，老子美学中最重要的范畴也并不是'美'，而是'道'—'气'—'象'这三个互相联结的范畴。……'道'是老子哲学的中心范畴和最高范畴。"可见，中国人谈美，不直接地言说，而是通过"道""气""象"等范畴来表述。

其实，只要稍微留心，我们就会发现，西方学者一般把美视为一种可视、可听的对象，即存在者，而中国学者往往把美视为一种价值或存在。换言之，西方人更加关注美的对象性，而中国人则尤其注重美的非对象性。当然，现代不少中国学者也不知不觉地受到了西方文化的影响，把美视为一种对象，例如，蒋孔阳、李泽厚、祁志祥对于美的定义都是如此。其实，美既是对象性的，也是非对象性的。从某种角度来看，美的非对象性相较于对象性，内涵更深刻，而且也更具有价值。

三

探讨美，必然会形成美的学问，这就是我们熟知的"美学"。众所周知，美学虽然伴随着人类文明而出现，但作为一门学科问世，那是18世纪中期的事情。1750年，德国哲学家和美学家鲍姆嘉通正式出版了他的《美学》专著第一卷，标志着这门新学科的诞生。他在《美学》中给美学下了定义："美学（美的艺术的理论、低级知识的理论、用美的方式去思维的艺术、类比推理的艺术）是研究感性知识的科学。"他认为，美学是研究感性知识的科学，其目的在于完善感性知识。所以，他又说："美学的目的是（单就它本身来说的）感性知识的完善（这就是美），应该避免的感性知识的不完善就是丑。"鲍姆嘉通之所以要提出美学概念，是因为他想创立美学学科，以与逻辑学、伦理学分庭抗礼。彭富春在《哲学美学导论》中说："美学（aesthetik）的本意为感觉学或感性学。"作为美学的命名者，鲍姆嘉通认为人的心理活动分为知、意、情三个方面，在已有的哲学的分类中，相对于认识的有逻辑学，相对于意志的有伦理学，而相对于情感或感性认识的却没有一门学科。为此他创立了美学，并认为美学的对象就是感性认识的完善，亦即美。

　　美学形成之后，必然要涉及其研究对象的问题。对此，不同的学者具有不同的观点。这些观点大致分以下五类：一是美学是研究美的学科。古典美学认为美具有实体性，美学应当探讨美的本质和规律。柏拉图是这方面的代表。二是美学是研究审美经验的学科，这就把美的实体性、对象性转向了主观性和非对象性。鲍姆嘉通、康德是这方面的代表。三是美学是研究艺术哲学的学科。黑格尔是这方面的代表。四是美学是研究审美关系的学科。狄德罗、王朝闻、蒋孔阳为这方面的代表。这种理论认为，审美关系涉及人与事物之间的关联。没有人，就不会形成美的概念；没有事物，也就没有美的依托。审美关系、美都是生成的，而不是现成的。不同的人与不同的事物形成各种各样的关联，所以，审美关系、美都是不断变化、不断生成的，而不是一成不变的。五是审美是研究审美活动的学科。马克思、海德格尔、叶朗为这方面的代表。在上述五种理论中，把美学视为审美活动之学科的观点，广受认可，因为，这种理论实际上包含了其他四种理论。

如果从理论的主导性与整体性分析，把审美活动作为美学的对象和范围的理论较为中肯。

正因为美学是研究审美活动的学科，所以，美学不属于自然科学，也不属于社会科学，而是属于人文学科。人文学科的特殊性在于关注人的生存和发展。其具体表现为：首先，以审美活动中的人为核心。其次，注重对客体价值的评价。最后，追求人的艺术化生存。总之，美学是哲学与艺术的统一，即"思"与"诗"的融合。相对而言，中国美学更倾向于"诗"，而西方美学更侧重于"思"。换言之，中国美学大致是文艺美学，而西方美学大致是哲学美学。所以，我们要中西结合地学习美学，具体而言，我们先要了解美学的理论框架，再要懂得美学的入门方式与专业研究。

一是美学的理论框架。美学主要讨论美学基础理论、审美形态、审美范畴、审美感受、审美人生等五大问题。这些问题构成了美学的理论框架，理解了这一点，我们才能纲举目张，事半功倍。

美学基础理论主要探讨美学的内涵、研究对象、美学的发展演变历史、美的本质等问题。

审美形态包括自然美、社会美和艺术美等三大类。这一部分主要对这三种形态进行分析和研究，虽然我们还可以列出其他的形态，如科学美学、技术美学等，但都可以归于上述三种形态之中。

审美范畴存在着民族差异。西方的审美范畴一般是两两相对，如优美和崇高，喜剧与悲剧等。中国的审美范畴更丰富多彩，如意境、境界、气韵、趣味、性灵、神韵、肌理、格调、阴柔、阳刚、胸襟等。

审美感受，即美感、审美意识。美感包括审美感知、审美想象、审美情感、审美体验和审美理解。说到美感，康德的审美共通感理论值得我们格外关注。

审美人生，目的是提升人生境界。冯友兰提出了人生四个境界，依次为：自然境界、功利境界、道德境界和天地境界。牟宗三的化境理论也具有丰富的内涵，值得重视。

二是美学的入门与专业研究。古人曰："入门须正，立志须高。"要学好美学，既要对哲学感兴趣，也要对文学艺术有热情。美学是哲学与艺术交叉的学科，美学也是中西对话的学科，所以，既要深入研究中国美学，也要深入研究西方美学。

至于美学研习的入门，要了解美学的理论框架，知道美学具体研究什么。其中，最重要的是对美的本质问题的探讨，这是入门的关键，也是入门的最佳途径。

美学研究入门之后，便可进行专业研究。这就要求以点带面地学习，所谓"点"，就是以某个名家为基点，所谓"面"，就是从某个点拓展开来，从而进入更为广泛的领域。具体步骤是，精心挑选自己喜爱的名家作品，然后认真阅读，反复领会。之后，以这个名家为出发点，了解这个学派，进而了解整个中国或西方的美学思想。

　　美学入门与专业研究，一定要认准经典著作，刻苦钻研，深入领会。否则，很难入门，也往往不得要领。说到经典，古今中外涌现了大量著作，都值得我们认真拜读。例如，西方有柏拉图的《理想国》《大希庇亚篇》、康德的《判断力批判》、黑格尔的《美学》等；我国有刘勰的《文心雕龙》、严羽的《沧浪诗话》，以及现代学者宗白华的《美学散步》、李泽厚的《美学三书》、朱光潜的《谈美》等。

　　总之，我们要多读经典，多以审美的眼光看待世事。借用宗白华在《论〈世说新语〉和晋人的美》中的一句话来说："把我们的胸襟像一朵花似地展开，接受宇宙和人生的全景，了解它的意义，体味它深沉的境地。"

目 录

"美"字的美学内涵

学习或研究美学，解读美字是一个绕不开的问题。众所周知，美不仅可以当作形容词使用，也可以当作名词使用。古今中外，莫不如此。美作为形容词，即英语中的beautiful，是主观的，它在心而不在物，所以难以统一观点、众口一词。美作为名词，即英语中的beauty，则是客观的，它在物而不在心，是不以人的主观感觉为转移的。这种实在性有其自身的属性和特征，这不是主观论者所能否定的。例如，鲜花与垃圾相比，鲜花就是美的事物，而垃圾则是丑的事物。换言之，鲜花就是美，垃圾就是丑。这不可能混淆，也没有必要混淆。

虽然美的词性中西相同，但两种文字的构成并不相同。汉语的美字，除了具有名词和形容词特性，其字形、字义就具有美的内涵。对此，我们有必要进行一番分析。

对于美的字形、字义，虽然没有太多的争论，但也有些人持不同的观点。他们认为，美就像是一个站立的人，头上戴着羽毛之类的装饰物，或者是羊角、牛角之类的装饰品，其本义是指人的装束漂亮好看。这种观点有一定的道理，但缺少足够的证据，所以难以让人信服。

其实，对于美字的解释，我们普遍认可许慎《说文解字》的说法，毕竟此书在文字学方面有一定权威性。

许慎在《说文解字》中说："美，甘也。从羊，从大。羊在六畜主给膳也。美与善同意。"①对此，段玉裁在《说文解字注》有言："甘也。甘部曰：美也。甘者，五味之一。而五味之美皆曰甘。引伸之凡好皆谓之美。从羊大。羊大则肥美。无鄙切。十五部。羊在六畜主给膳也。《周礼》：'膳用六牲，'始养之曰六畜，将用之曰六牲。马牛羊豕犬鸡也。膳之言善也。羊者，祥也。故美从羊。此说从羊之意。美与善同意。美羴义羑皆同意。"②从美字，我们就可以知道，中国传统审美观念就是：美是可见与不可见的统一。因为，从许慎的解释看来，"甘也"是审美体验，是不可见的；而"从羊，从大"则是可见的。"甘也"，说明美是起源于味觉的，这非常符合我国古人的审美趣味。中国人自古就有"民以食为天"的观念，可见食物的重要性。《孟子·告子上》曰："告子曰：食、色，性也。"《礼记·礼运》曰："饮食男女，人之大欲存焉。"这两者都说明了饮食是我们人类生存的根本需求。也正因为如此，时至今日，人们见面打招呼时仍然喜欢问："吃了吗？"

需要特别注意的是，许慎对于美字的解释，其实也是对于美

---

① 许慎：《说文解字注》，段玉裁注，上海：上海古籍出版社，1981年，第146页。
② 许慎：《说文解字注》，段玉裁注，上海：上海古籍出版社，1981年，第146页。

的定义。这种定义涉及了美的三个方面。

第一，美是一种可见的对象，如肥大的"羊"。

第二，美是一种不可见的体验，它是一种妙不可言的愉悦感，如，"甘也"。

第三，美具有一种生命道德的价值，如，"美与善同意"。

许慎对于"美"的定义对我们很有启发。这也可以从三个方面来说明。

第一，美，从内在感觉来说，就是甘；从外在感官来说，就是羊大为美。所谓甘，是味觉或心灵的感觉，这是一种美感。所谓羊大，是视觉的感受。具体而言，甘，是指美的非对象性；而羊大，是指美的对象性。据此可知，美既是对象性的，也是非对象性的。所以，那种把美只视为一种对象，甚至对美进行定义的做法，显然忽视了美的非对象性。例如，《庄子》所谓的"天地之美，神明之容"，显然就是指美的非对象性。对于美的非对象性，不能依靠判断，而是依靠妙悟、妙感、品鉴。

第二，味觉审美。中国自古以来都非常重视味觉审美，并把味觉当作审美器官。甘，是味觉。而"羊在六畜主给膳也"，也是从味觉的角度来说的。类似的理论还有不少。如《老子·三十五章》曰："执大象，天下往。往而不害，安平泰。乐与饵，过客止，道之出口，淡乎其无味，视之不足见，听之不足闻，用之不可既。"[①]这就是说，对"道"的审美体验，感觉深远、平淡之极。

① 王弼：《集唐字老子道德经注》，上海：世界书局，1935年，第20页。

但是，看它却看不见，听它却听不到，用它却用不完。《礼记》曰：“清庙之瑟，朱弦而疏越，壹倡而三叹，有遗音者矣；大飨之礼，尚玄酒而俎腥鱼，大羹不和，有遗味者矣。”①这里把音乐与美味联系在一起，显然也是一种味觉审美，这就是中国的特色。西方人颇为不同，他们往往会忽视味觉的审美性。柏拉图在《文艺对话集》中说：“美是由视觉和听觉产生的快感。”②柏拉图认为，美只涉及视觉和听觉。后来，这种理论在西方广为流行。阿奎那在《神学大全》中说：“与美关系最密切的感官是视觉和听觉，都是与认识关系最密切的为理智服务的感官。我们只说景象美或声音美，却不把美这个形容词加在其他感官(例如味觉和嗅觉)的对象上去。”③阿奎那的观点与柏拉图的思想可谓一脉相承。

　　第三，“美与善同意”，体现了儒家尽善尽美的思想，蕴含着道德生命的价值。儒家认为，善是整个宇宙运行的基础。天地乾坤以“元亨利贞”创生万物，而人能够“继善成性”“开物成务”。所以，善是为人的本分，古人所说的“仁者，人也”，道理就在于此。所以，中国人总是把美与善联系在一起。早在春秋时期，孔子就提出尽善尽美的理论。《论语·八佾》曰：“子谓《韶》：‘尽美矣，又尽善也。’谓《武》：‘尽美矣，未尽善也。’”孔子的这种学说对后世产生了极其深远的影响，许慎当然也不例外。许慎

①　王文锦：《礼记译解》，北京：中华书局，2016年，第474页。

②　柏拉图：《文艺对话集》，朱光潜译，北京：人民文学出版社，1963年，第199页。

③　北京大学哲学系美学教研室编：《西方美学家论美和美感》，北京：商务印书馆，1980年，第67页。

在解释美、善之关系时，是从美字的结构来给予说明的。他认为，美字由羊、大构成。羊，谐音为"祥"。祥，即善也。羊，"在六畜主给膳"，这就是说，羊在六畜中主要是作为膳食的。可见，羊，膳也。而膳者，善也。所以，美，即祥也，善也。段玉裁在《说文解字注》有言："美……从羊大。……羊在六畜主给膳也。……膳之言善也。羊者，祥也。故美从羊。此说从羊之意。美与善同意。美矗義羌皆同意。"①在这里，段玉裁从字音、字义上，解释了美与善的相通性。

总之，在我国文化中，美既是具体的对象，也是人的内外感官的体验。美与善具有相同的内涵。

---

① 许慎：《说文解字注》，段玉裁注，上海：上海古籍出版社，1981年，第146页。

美的本质

叔本华曾经指出，人的面孔要比嘴巴说出来的东西更多、更有趣，因为嘴巴说出来的只是人的思想，而面孔说出来的却是思想的本质。

本质是一个极其重要的问题。对于美而言，也是如此。彭富春在《哲学美学导论》中说："在哲学意义上的美就等同于美的本质。"[①]可见，探讨美，在一定程度上就是探讨美的本质。朱光潜的一段话也证明了这一点，他在《什么叫做美》中说："美就是情趣意象化或意象情趣化时心中所觉到的'恰好'的快感。……我们这样解释美的本质。"[②]可见，美的本质一直是美学的基础理论。可以毫不夸张地说，理解了美的本质问题，以及有代表性的各家理论，几乎就等于跨进了美学的大门。

然而，自20世纪以来，基于语言分析和逻辑分析的反本质主义的言论可谓甚嚣尘上。受其影响，有关美的本质的理论也受到

---

① 彭富春：《哲学美学导论》，北京：北京大学出版社，2005年，第49页。
② 朱光潜：《朱光潜全集》第1卷，合肥：安徽教育出版社，1987年，第347页。

了不少质疑。因此，几十年来，学术界对于美的本质的追问，以及随之而来的对美的定义的思索，也颇受冷落。但是，随着社会的发展，学术界也清醒地认识到，反本质主义的话语也有一个限度。那就是，我们可以反对一成不变的本质主义，但对本质的理解保持开放的、对话的姿态，则又是合情合理的。所以，尽管"美是难的"，但研究美学，又无法绕开美的本质、美的定义问题。

可见，美的本质不是一个可以回避的问题，也不是一个可以一劳永逸解决的问题。虽然无法一锤定音，但还是有必要努力地追寻。其实，对于美的本质，不在于能否表达得准确无误，而是在于怎么言说。《周易》之所以是易经，其中最核心的一点就是"太极"；《道德经》之所以是道德经，其中最核心的一点就是"道"。还有刘勰的《文心雕龙》、刘宗周的《人谱》等经典著作，都在开篇不约而同地探讨本质的问题。

所以，本质是一个事物的核心所在，虽然对其的理解见仁见智，但这并不影响其价值。否则，柏拉图在其著作中根本就不必探讨美的本质，而后来许多美学家也不必费尽心思去寻求其中的答案了。其实，没有对美的本质的探讨，美学不可能构建起宏伟的理论大厦。可以毫不含糊地说，不懂美的本质问题，就意味着对美学没有深刻的理解，当然也就不可能形成上乘的美学理论。正因为如此，本书认为，探讨美的本质问题，是美学入门的不二法门。

所谓美的本质，也就是美的根源。李泽厚在《美学四讲》中说："'美的本质'是指从根本上、根源上，从其充分而必要的最后条件上来追究美。……只有从美的根源，而不是从审美对象或审美性质来规定或探究美的本质，才是'美是什么'作为哲学问题的真正提出。……怀特海（A.N.Whitehead）说，一切哲学都是柏拉图哲学的注脚，都只是在不断地回答柏拉图提出的哲学问题。"[1]美的本质问题，是从根源上谈论美。虽然颇为抽象和深奥，但是，我们不能因为说不清、道不明，就对此敬而远之，这并不是学术研究所应有的态度。《周易》并没有因为无法解释"太极"，就放弃谈论太极；《老子》并没有因为无法解释"道"，就放弃谈论"道"。同理，周敦颐也并没有因为太极高深莫测，就否定其价值，他的《太极图》乃是以太极作为本体来构建的。不仅如此，他还开门见山地谈道，"无极而太极"。太极本来就令人费解，而又在其前面加上一个"无极"，更是让人摸不到头脑。之所以如此，是因为作者深深懂得本体的重要性。其实，我们也都知道这个极其普通的道理：一本著作如果没有确立本体、本源，那只能算是"术"，而只有上升到本体、本源，那才是"道"。对于"道"与"术"，孰高孰低、孰重孰轻，这不是一目了然的吗？试想，刘勰在《文心雕龙》中为什么一开始就提到"原道"，周敦颐为什么要提出"文以载道"的理论？他们为什么不把某个可见可闻的具体事物作为文艺的根源？此中道理，当然是不言而喻的。

其实，我们探讨美的本质，就是希望确立一个普遍性的价值

---

[1] 李泽厚：《美学三书》，合肥：安徽文艺出版社，1999年，第476—477页。

观念，否则，不仅找不到公认的美，而且也无法进行合理的审美，这就必然会导致争论不休、各执一端的局面，最后让人无所适从。在这种情况下，美学，甚至是美育也就难免会变成一句空话。所以说，美的本质问题，乃是美学的真正基石。邓晓芒、易中天在《黄与蓝的交响——中西美学比较论》一书中认为："如果西方人在对美的本质的探寻中已逐渐失去了耐心和兴趣，那么在这一领域尚处于起步阶段的现代中国人将越来越感到，美的本质问题乃是真正美学的基石，舍此没有理论上的完整性，也没有理论形态的美学。"①

　　美的本质，既可以是永恒不变的客观实体，也可以是抽象的普遍规律。如果说，西方文化更看重事物的客观性、变异性，那么，中国文化则更注重事物的主观性、稳定性。反本质主义者因为认为永恒不变的审美实体并不存在，所以就反对本质，这实际上是犯了一个概念混淆的错误。因为，他们只看到了本质的变异性，而忽视了本质的稳定性。众所周知，世界确实变动不居，但在这变易之中，也存在不变的规律。《周易》中的"易"就包含了变易、不易、简易等三个方面的内涵，其中，"不易"就是永不变易的意思。日月星辰是不断变化的，但变化之中有不变。那就是，天在上，地在下；月亮绕着地球转，而地球又绕着太阳转，这些都是万古不变的真理。

---

①　邓晓芒、易中天：《黄与蓝的交响——中西美学比较论》，武汉：武汉大学出版社，2007年，第5页。

在世界上，存在着不变，就意味着存在着规律性、统一性的本质。对于美而言，也是如此。对于美的根源、规律和特征，都可以从中找到答案，美的价值判断也存在于这里。如果没有一个稳定的规律，也就没有固定的标准，这样一来，美与丑就没有界限，常常会混为一谈，甚至是非颠倒、美丑不分。事实上，如今社会上确实出现了美丑不分的乱象。各种丑陋的事物，打着价值多元化的旗帜，大行其道。有些人不仅并不觉得羞耻，反而觉得理所当然。

所以说，美的本质问题不容否定，因为这不仅牵涉美学问题，还牵涉更为广泛的社会问题。朱光潜曾说："美的本质问题不是孤立的。它不但牵涉到美学领域以内的一切问题，而且也要牵涉到每个时期的艺术创作实践情况以及一般文化思想情况，特别是哲学思想情况，这一切到最后都要牵涉到社会基础。"[①]

事实上，探讨美的本质问题由来已久。早在古希腊时期，柏拉图就开始了这方面的理论建构。柏拉图在《大希庇阿斯篇》里，通过苏格拉底与希庇阿斯的对话，探讨了"美的定义"，[②]并想据此而寻求"美的本质"。[③]这样做的目的是寻找一个判断的标准，以便对文章等各种事物进行合理的评价。

柏拉图对美的本质的追问，成了美学的核心话题，后人不断解答，提出自己的理论，体现了各自明显的特征。大致说来，西

---

① 朱光潜：《朱光潜全集》第7卷，合肥：安徽教育出版社，1987年，第323页。
② 柏拉图：《文艺对话集》，朱光潜译，北京：人民文学出版社，1963年，第191页。
③ 柏拉图：《文艺对话集》，朱光潜译，北京：人民文学出版社，1963年，第191页。

方对于美的本质的定义，经过了六个阶段：客观派、主观派、主客统一派、社会生活派、社会实践派、存在主义等。以下各举一例说明。

第一，客观派。亚里士多德认为，美在于体积与安排，太小与太大的东西都不美。太小的东西，看起来模糊不清；太大的东西，看不出它的整体。亚里士多德在《诗学》中说："美要倚靠体积与安排，一个非常小的东西不能美，因为我们的观察处于不可感知的时间内，以至模糊不清；一个非常大的活东西，例如一个一千里长的活东西，也不能美，因为不能一览而尽，看不出它的整一性。"①

第二，主观派。关于美的本质问题，休谟坚决反对美是对象的属性的观点，否认美的客观性，而认为美是主观的感受。休谟曾说："美并不是事物本身里的一种性质。它只存在于观赏者的心里。"②据此，他认为，美只是心灵的一种感受。美的本质是快感，丑的本质是痛感。休谟在《人性论》中说："快感与痛感不只是美与丑的必有的随从，而且也是美与丑的真正的本质。"③

第三，主客统一派。黑格尔在《美学》中说："美是理念的

① 北京大学哲学系美学教研室编：《西方美学家论美和美感》，北京：商务印书馆，1980年，第39页。
② 北京大学哲学系美学教研室编：《西方美学家论美和美感》，北京：商务印书馆，1980年，第108页。
③ 北京大学哲学系美学教研室编：《西方美学家论美和美感》，北京：商务印书馆，1980年，第109页。

感性显现。"①理念是主观的，而感性显现是客观的。理念的感性显现，则意味着主客观的完美统一。

第四，社会生活派。车尔尼雪夫斯基在《艺术与现实的审美关系》中说："美是生活。"②美来源于生活，让我们想起生活。

第五，社会实践派。马克思认为，美是人的本质力量的对象化。美之所以成为我们的对象，是因为得到了我们本质力量的确证。对此，高尔泰给予了高度评价。他在《美是自由的象征》中说："马克思把美的问题纳入哲学范畴，把美的哲学放置在更为广义的人的哲学的基础上，指出美是'人的本质的对象化'，的确是为美学研究指出了一个正确的方向。"③人的本质力量的对象化，也就是把包括人在内的自然进行"人化"。所以，高尔泰在《美是自由的象征》中说："美的本质，就是自然之人化。"④

第六，存在主义。海德格尔在《荷尔德林诗的阐释》中说："美是无所不在的现身。"⑤无所不在的现身，即"存在"。换言之，美的本质就是存在。

总之，美学史上对美的本质的探讨，经历了客观性→主观性→主客观统一性→社会生活性→社会实践性→存在主义等六个阶段，这是一个动态的过程。

---

① 黑格尔：《美学》第1卷，朱光潜译，北京：商务印书馆，1979年，第142页。
② 车尔尼雪夫斯基：《艺术与现实的审美关系》，周扬译，北京：人民文学出版社，1979年，第6页。
③ 高尔泰：《美是自由的象征》，北京：人民文学出版社，1986年，第43页。
④ 高尔泰：《美是自由的象征》，北京：人民文学出版社，1986年，第326页。
⑤ 海德格尔：《荷尔德林诗的阐释》，孙周兴译，北京：商务印书馆，2002年，第62页。

值得一提的是，我国对于美的本质的探论，虽然可以套用西方的发展进程，但还是存在一定程度的差异。因为，我们先哲看待问题是"即心即物"，并不把主观与客观完全割裂开来，而是把主观与客观视为一个整体。例如，道、太极就是体现万物一体的客观存在，也是一种主观的生命精神。

其实，对美的本质探讨的历程，就是美的发展历程。就全世界范围来看，美的发展历程具体表现为：从本质论到认识论，再到存在论。用英语来表示，即从 what 到 why，再到 how。

在西方，早在古希腊时期，柏拉图就开始了对"美是什么"（what）的探讨。他通过列举美女、美德等事例，说明了美女、美德只是美的事物，而不是美本身，从而证明美与美的事物是两个概念。这就表明，能够列举的只能是美的事物，而不是美。正是通过具体事物的例证与分析，柏拉图说明了一个道理：美很难找到。所以，得出的结论就是，美是难的。

到了近代，德国的康德，英国的休谟、博克等人，转变了思路，他们主要不是追问美是什么，而是思考美在内心中所产生的感觉。这样，就从美是什么，转向了美感为什么产生的问题。休谟在《论趣味的标准》中说："美不是事物本身的属性，它只存在于观赏者的心里。每一个人心里见出一种不同的美。"[1]在他看来，"美是[对象]各部分之间的这样一种秩序和结构；由于人性的本来构造，由于习俗，或是由于偶然的心情，这种秩序和构造适宜于

—————————

[1] 朱光潜：《西方美学史》，北京：人民文学出版社，1979年，第221页。

使心灵感到快乐和满足，这就是美的特征，美与丑的区别就在于此。所以快感与痛感不只是美与丑的必有的随从，而且也是美与丑的真正的本质"①。

到了现代，海德格尔受中国文化的影响，反对西方二元对立的思想，主张天人合一，并着手探讨美是如何存在的（how）问题。他认为，西方长期只关心存在者(beings)，而不关心存在(being)；只关心在场或出场的东西（the present），而不关心不在场、未出场的东西（the absent）。而事实上，存在者与存在、在场与未在场，两者是统一的。存在使存在者得以现身，未在场的东西使在场的东西显露出来。这就是说，美的本质是存在，"美是无所不在的现身"。反过来说，存在的闪光点就是美。

20世纪，在西方流行存在主义之际，美学的发展旨向也悄然发生了改变：意识美学终结，身体美学出场。舒斯特曼在《生活即审美：审美经验和生活艺术》中说："身体美学致力于对一个人的身体——作为感官—审美欣赏和创造性的自我塑造场所——经验和作用进行批判的、改善的研究。"②身体美学是从经验和作用两个方面来研究身体的。换言之，身体美学就是对作为审美欣赏的身体，以及作为自我塑造的身体，进行批判和改善研究的学问。

谈到美学的发展历程，我们也应当把目光转向国内。大致而言，我国的美学研究起步较晚，而且在相当长的一段时期内，发

---

① 朱光潜：《西方美学史》，北京：人民文学出版社，1979年，第220页。
② 舒斯特曼：《生活即审美：审美经验和生活艺术》，彭锋等译，北京：北京大学出版社，2007年，第185—186页。

展也并不迅猛。只是近年来随着社会的发展，以及对外交流的频繁，美学界才开始出现百家争鸣、百花齐放的局面。如果要梳理一下我国美学的发展历程，其中的脉络也是比较清晰的。

五四运动以前，我国有美学，但没有美学学科的意识。真正现代意义上的美学是五四运动后从西方引进来的，得风气之先者有王国维、蔡元培和鲁迅等人。王国维是我国现代美学的开创者，他在传播西方美学方面做出了突出的贡献。他运用西方美学理论来评价我国古典文学，并撰写了非常有名的《〈红楼梦〉评论》一文，在该文中，王国维第一次使用了"悲剧"这一说法，一改传统"苦戏""苦情戏"的称法，体现了与世界接轨的学术视野。据此，王国维把《红楼梦》视为悲剧中的悲剧、彻头彻尾的悲剧。此外，蔡元培提出"以美育代宗教"的主张，开拓了人们的理论视野。鲁迅通过文学和艺术，阐发传统文化，译介西方思想，也促进了我国美学的发展。之后，蔡仪致力建设唯物主义美学，对苏联美学的传播起了很大作用。

新中国成立后，我国的美学有了进一步的发展。当时，主要出现了四大流派，分别是客观自然派、客观社会派、主观派、主客统一派。客观自然派，认为美是客观自然的属性，代表人物有蔡仪，这一派理论后来发展为反映论美学。客观社会派，认为美是客观社会实践的产物，代表人物是李泽厚。主观派，认为美既是心灵的感受，代表人物是吕荧、高尔泰。主客统一派，认为美是自然的属性，又符合主观的感受，代表人物是朱光潜等人。

　　"文革"后，学者们常运用马克思主义实践理论来分析美学。其中，以李泽厚为代表的实践美学得到了蓬勃的发展，成为20世纪八九十年代的美学主流。

　　从20世纪90年代开始，美学形成多元化的格局，不仅外延上得到拓展，而且内涵也有所提升。外延上的拓展，主要是从审美领域之外借助不同的方法构建新的交叉学科，形成新的美学分支，例如，"军事美学""体育美学""机器美学""科技美学""烹饪美学"等。而内涵上的提升，主要是从基本理论上进行深度阐发，以便开拓或重构美学的范畴或体系，例如，"意象美学""乐感美学""生态美学""实践存在论美学""生活美学""人生美学"等。显然，两种思路各有千秋，但是，相比之下，内涵提升更有其学理的价值，也引起了广泛的关注。

　　总体来说，在20世纪90年代以后，由于工业快速发展造成了大量污染，学者们也开始反思过度开发和利用自然的后果。因此，我国的美学从实践美学转向了后实践美学。后实践美学的关注点主要表现在三个方面：从实践转向生存，从主体性转向主体间性，从俗世现实转向超越现实。

　　继实践美学和后实践美学之后，我国又流行起了身体美学、生命美学、生活美学、生态美学、体验美学、人生美学等理论。在这些流派之中，不少学者认为，探讨美的本质，是一个错误之举。而探讨美的意义，才是正确的选择。潘知常就持此观点。他在论述何谓生命美学时认为，重要的不是离开美学，而是离开

"本质"。因为西方美学的失败不在于探讨终极根据，而在于误以为这个终极根据就是"本质"。因此，生命美学不追问美和美感如何可能，不追问审美主体和客体如何可能，也不追问审美关系和艺术如何可能，而去追问作为人类最高生命存在方式的审美活动如何可能。

其实，无论是美的本质，还是美的意义，都是美学研究的题中应有之义。但是，如果以美的意义来否定美的本质，则顾此失彼，因为两者是一个问题的不同方面。美的本质是美的本源，而美的意义是美的价值。前者追根溯源，而后者追寻作用。前者好像是树之根，而后者好像是树之花。各有其存在的道理，不能有任何偏重，否则就不全面。试问，如果没有树根，而只在花朵上研究，我们如何全面理解整棵树？同理，如果忽略美的本质，我们如何把握美的实质，以及如何了解美学的发展历史？所以，对于美学而言，忽视美的本质，那就是无根之木、无本之源。

总之，中国美学界长期深受西方浸染。但是，近年来，由于我国国力的提升，文化自信已经深入人心，所以美学的发展方向也有所改变。我们深知，中西方文化并不相同。西方掌握了科学规律的秘密，而中国领悟了自然旋律的奥妙。宗白华在《中国文化的美丽精神往哪里去？》中引用印度诗人哲学家泰戈尔的一段话说："世界上还有什么事情比中国文化的美丽精神更值得宝贵的？中国文化使人民喜爱现实世界，爱护备至，却又不致陷于现实得不近情理！他们已本能地找到了事物的旋律的秘密。不是科学权力的秘密，而是表现方法的秘密。这是极其伟大的一种天赋。因为只有上帝知道这种秘密。我实妒忌他们有此天赋，并愿我们的同胞亦能共享此秘密。"①

正因为如此，我们要珍惜文化中的美丽精神，在吸收古今中外前人智慧的基础上，走出有中国美学特色的发展道路，使道德与审美花开并蒂，相得益彰。

---

① 宗白华：《宗白华全集》第2卷，合肥：安徽教育出版社，1994年，第400页。

美是赏心、乐事与良辰好景的总称

古往今来，众多学者都尝试着对美进行定义，然而却很难做到十全十美，因此难免有意犹未尽之感。而之所以如此，是因为绝大多数定义都忽视了美所同时涉及的三个维度，往往只关注其中的一个或两个维度，不免以偏概全。

其实，对于美的定义，虽然见仁见智，但是应当立足于美的三个维度，那就是：美感、美的事情（包括美的对象和道德两个方面）、美的存在。对于这三者，用英语单词来表示，分别是"what""why""how"。这也就是说，美一定是这三者的综合体，否则，美的定义就不够完整。事实上，西方人对于美的探寻，也正是围绕"what""why""how"等三个维度来展开的，这也大致概括了西方美学发展的历程。

一、西方美学发展历程印证了美的三个维度

古希腊时期，是探寻"美是什么"（what）的阶段。那时，学者们通过各种美的事情来寻找美本身。到了近代，学者们把目光转向了人的自身，从自身来回答为什么（why）会美。他们深知，美是心灵的产物，康德是这方面的代表。再到现代，海德格尔则把目光从存在者转向了存在，回答了美是如何（how）存在的问题。他把美的事情与人的心灵统一起来考察，他认为，美是生成的，而不是现成的。美是存在，是无所不在的现身。

显然，柏拉图、康德和海德格尔分别从美是什么、为什么会美、美是如何存在等三个方面来分析美。他们的理论虽然只是美学大厦中的一小部分，但是极具代表性，共同勾画出了美的轮廓。

说到西方美学，首先会想到柏拉图。他可谓是西方美学的鼻祖，因为他是第一个从哲学的角度来探讨美学的。他在《大希庇阿斯篇》中就专门分析了美的本质问题，他认为，美本身与美的事情、美感是不同的概念。美的事情、美感都属于美，但是，美并不等同于美的事情，也不等同于美感。所以，以美的事情、美感来定义美是不够准确的。于是，他得出结论："美是难的。"①

虽然柏拉图没有明确指出美到底是什么，但是，他的理论可以带给我们深刻的启迪。他一会儿说："美就是由视觉和听觉产生的快感。"②一会儿又说："美就不能是视觉和听觉所生的快感了。"③这两种说法看似矛盾，但其实都是成立的，因为，前者谈论的是美感，而后者谈论的是美的定义问题。换言之，美的定义当然要包含美感，但又不能仅仅包含这一个维度。因为，如果仅从美感

① 柏拉图：《文艺对话集》，朱光潜译，北京：人民文学出版社，1963年，第210页。
② 柏拉图：《文艺对话集》，朱光潜译，北京：人民文学出版社，1963年，第199页。
③ 柏拉图：《文艺对话集》，朱光潜译，北京：人民文学出版社，1963年，第209页。

这一角度来看，"美就是由视觉和听觉产生的快感"，以及"美就是有益的快感"①之类的理论，毫无疑问是正确的。但是，仅以美感来定义，显然是不够的。所以说，"美就不能是视觉和听觉所生的快感了"。同理，美包含美的事情，但是如果仅仅从美的事情的角度来定义美，也是不够准确的。事实上，美既指具体的对象，也指道德的价值（善）。所以，苏格拉底和希庇阿斯列举了大量的美的对象，如美丽的女性、母马、竖琴、汤罐、石头、象牙和黄金等，但都没有能够找到美本身。另外，他们在道德价值（善）之中，也没有找到美本身。

柏拉图对于美的理论，深刻地影响了西方的美学思想。此后，长久以来，西方学者都沿着他的思路来对美进行探索，就算是大哲学家康德也不例外。康德在其美学名著《判断力批判》中，从多个角度来定义美，这当然是受到了柏拉图的启发。康德在柏拉图四因说的基础上，提出了审美判断的四个契机理论，这四个契机分别是质相、量相、关系相和程态相。质相是指审美的愉悦性，量相是指审美的无概念的普遍性，关系相是审美的无目的的合目的性，程态相是指审美的共通感。在论述审美判断时，康德也对美进行了定义。从质相来说，"美是无一切利害关系的愉快的对象"②。从量相来说，"美是那不凭借概念而普遍令人愉快的"③。从关系相来说，"美是一对象的合目的性的形式，在它不具有一个目的

① 柏拉图：《文艺对话集》，朱光潜译，北京：人民文学出版社，1963年，第208页。
② 康德：《判断力批判》，宗白华译，北京：商务印书馆，1985年，第48页。
③ 康德：《判断力批判》，宗白华译，北京：商务印书馆，1985年，第57页。

的表象而在对象身上被知觉时"①。而从程态相来说，"美是不依赖概念而被当作一种必然的愉快的对象"②。可见，从上述四个方面来看，质相、程态相和关系相，要么指向对象，要么指向形式，这两者都具体而实在。而量相所指涉的则是令人愉快之感，这是美感问题。此外，康德还说："美是道德的象征。"③象征，是理性直观化的一种手法。道德是理性的，使之直观化，就可以成为美，供人欣赏。所以说，美与善相关，美就是道德的直观化。例如，梅兰竹菊象征君子的品格，因而被视为一种美。

可见，康德所讨论的美，仍然是基于柏拉图对于美的思考。美本身包含着美感、美的事情。康德认为，从美感来说，美是令人愉快的；从美的事情来看，美是令人愉快的对象、形式，也是道德之善的象征。显然，康德还没有跳出柏拉图的思维圈子。后来，海德格尔一反西方传统，决心抛弃西方一贯的主客二分的思维模式，而采用东方文化中主客一体的观念来探讨美。众所周知，海德格尔深受东方文化的影响。美国哲学家威廉·巴雷特指出："任何东方文明都没有造成类似的存在者同存在相脱离的情况。尽管海德格尔没有提到那些东方文明——他总是从西方吸取材料，即使力图在西方文明以外进行思考时也不例外——但是我们在确

---

① 康德：《判断力批判》，宗白华译，北京：商务印书馆，1985年，第74页。
② 康德：《判断力批判》，宗白华译，北京：商务印书馆，1985年，第79页。
③ 康德：《判断力批判》，宗白华译，北京：商务印书馆，1985年，第201页。

定他的思想的位置时，却不能不提到东方文明。"①在东方文化中，存在者与存在问题相提并论，不会相互脱离。正是在天人合一思想的基础上，海德格尔认为，西方传统中只关心存在者，而不关心存在；只关心在场，而不关心不在场。而事实上，存在者是处于存在状态之中，在场是依靠不在场而得以显现的。另外，存在之所以能够呈现，是因为人的存在。从这个逻辑来看，美作为无所不在的现身，离不开人作为澄明的基点。海德格尔在《存在与时间》中说："这个存在者为之存在的那个存在，总是我的存在。"②

在海德格尔看来，美由于人而存在，这种存在是由于人的无功利的心态而发挥作用的。当人以无功利的视角看待世界，世界之美就显露出来了。海德格尔在《尼采》中说："与对象本身的本质性关联恰恰是通过'无功利'而发挥作用的。人们没有看到，现在对象才首次作为纯粹对象显露出来，而这样一种显露就是美。"③美就是显露，从这个角度来看，美不是现成的，而是生成的。因为，在海德格尔看来，美作为一种存在（sein），不能当作静态的事物来理解，而应作为一个活跃的动态事物来领悟。它不能被我们定义为是"什么"（what），而只能以"怎样"（how）的方式来进行追问。

---

① 威廉·巴雷特：《非理性的人：存在主义哲学研究》，杨照明、艾平译，北京：商务印书馆，2004年，第227页。

② 海德格尔：《存在与时间》，陈嘉映、王庆节译，北京：生活·读书·新知三联书店，1987年，第53页。

③ 海德格尔：《尼采》上卷，孙周兴译，北京：商务印书馆，2002年，第120页。

　　显然，上述三位西方学者的美学思想，分别从三个维度阐释了美。柏拉图主要分析了美的两个维度：美的事情和美感。海德格尔则重点论述了美的第三个维度：美的存在。而康德主要是深化了柏拉图的美学思想，不仅明确了具体对象是什么，如无利害关系的对象，而且也进一步剖析了美感的实质，并在此基础上提出了"审美共同感"的理论。

　　他们的理论非常深刻，对于我国的美学研究无疑具有重大的理论价值。当然，要理解这些理论，不妨把他们的概念进行转换，这样更有利于我们的吸收和消化。其实，就美的定义而言，柏拉图理论中的美的对象与美的事情，就是"乐事"。柏拉图和康德所说的美感，就是"赏心"。海德格尔理论中的"存在"，作为美的显露，就是指"良辰好景"。

　　二、我国文人对于美的三个维度的把握

　　我们研究美，往往习惯于到西方学者那里去寻找答案。殊不知，寻寻觅觅，蓦然回首，我们会惊讶地发现，答案原来就在我们身边。对此，我们不得不感叹古人的聪明智慧。因为，虽然他们无意要为美寻找一个十全十美的定义，但是，他们在自己的文章中，却早已不谋而合地把美的定义表述得既清清楚楚又耐人寻味，这比西方人那种抽象地演绎要通俗得多，而且有趣得多。

　　可以这么说，早在南朝宋，大诗人谢灵运就已经给了美非常形象生动的定义，至今余味悠长。他在《拟魏太子邺中集诗八首

序》中曰："建安末，余时在邺宫，朝游夕燕，究欢愉之极。天下
良辰美景，赏心乐事，四者难并。今昆弟友朋，二三诸彦，共尽
之矣。古来此娱，书籍未见。何者？楚襄王时，有宋玉、唐景。
梁孝王时，有邹、枚、严、马，游者美矣，而其主不文。汉武帝、
徐乐诸才，备应对之能，而雄猜多忌，岂获晤言之适！不诬方将，
庶必贤于今日尔。岁月如流，零落将尽，撰文怀人，感往增怆。"①
这是谢灵运模仿曹丕、王粲、陈琳等八人所写诗歌的序言。在序
言中所说的"良辰、美景，赏心、乐事"等四者，用现在话来概
括，其实就是一个字：美。由于对美有深刻的感触，所以，他在
模仿阮瑀口吻所写之诗中又曰："自从食苹来，唯见今日美。"②这
是说，历来朝廷都举行宴会，但是只有当时曹魏的宴会是最美的。
在此，谢灵运虽然是为了表达群臣所遇到的恩宠，却又无心插柳
地给美下了一个定义：良辰、美景、赏心、乐事。

正因为谢灵运道明了美的本真，所以，后世文人经常把其运
用于文学作品之中。王勃的骈文《秋日登洪府滕王阁饯别序》、柳
永的词作《雨霖铃·寒蝉凄切》，以及汤显祖的戏曲《牡丹亭》，
都是如此，可见其价值。可惜的是，我们一般只把它们当作文学
作品中的佳句来赞叹而已，却没有太在意或关注其中的美学内涵。
为了理解方便，我们不妨把他们几位的佳句摘录如下。

王勃在《秋日登洪府滕王阁饯别序》有言："四美具，二

---

① 顾绍柏：《谢灵运集校注》，郑州：中州古籍出版社，1987年，第135—136页。
② 顾绍柏：《谢灵运集校注》，郑州：中州古籍出版社，1987年，第153页。

难并。"①柳永在《雨霖铃》有言:"此去经年,应是良辰好景虚
设。"②汤显祖在《牡丹亭》中曰:"良辰美景奈何天,赏心乐事谁
家院?"③

　　王勃《滕王阁序》中的"四美",很明显就是指谢灵运所说的
"良辰、美景、赏心、乐事"四者。对此,虽然一些学者还有其他
的解释,但颇为曲折难通,没有必要如此强为索解,何况古人以
用典为荣,王勃化用谢灵运的故事不是顺理成章的事情吗?

　　柳永《雨霖铃》中的"良辰好景",显然也是受到了谢灵运的
影响,只是稍做改动而已。而"良辰好景"四字中没有"美"字,
避免了循环解释,所以,也正好可以视为对"美"的一种定义。

　　汤显祖《牡丹亭》中的"良辰美景""赏心乐事",是化用谢
灵运的四美而来,可谓一目了然。

　　从上述引文可知,古代文人对于"良辰、美景、赏心、乐
事",一直情有独钟。而这四者就存在于万物一体的天地之间,于
是,文人们不约而同地把目光对准了天地万物,并进行心物交游,
从而发现、体悟那个令人心动的美。对此,从现代美学的思路来
看,"良辰、美景、赏心、乐事"可以分为三个方面:第一,赏
心;第二,乐事;第三,良辰好景。这三者也正好概括了美的全
部内涵:美感、美的事情,还有美的存在。其中,赏心是从美感
来说的,属于幸福的体验。良辰好景属于愉快的情境。这两者都

①　朱东润主编:《中国历代文学作品选》中编·第一册,上海:上海古籍出版社,1979年,第257页。
②　朱东润主编:《中国历代文学作品选》中编·第二册,上海:上海古籍出版社,1979年,第16页。
③　汤显祖:《汤显祖戏曲集》全二册,钱南扬校点,上海:上海古籍出版社,1978年,第268页。

具有非对象性的特点。乐事，是可爱的事情，既指具体的对象，也指道德的价值，它是对象性与非对象性的统一。总之，美就是赏心、乐事，以及良辰好景。这三个方面既有区别，也有联系。

从区别来看，这三者可以独立存在。第一，赏心方面。这是说，我们可以尽情地挥洒自己的激情，获得高峰体验，也可以安静地沉醉于温馨的回忆，获得深沉的感触，这种体验甚至可以达到忘情的境界。这些情感都是美的体验，也是一种无法言说的美。赏心，西方人往往称之为"快感"。当然，赏心与快感毕竟有所不同。赏心，倾向于内在感官的体验，而快感，则倾向于外在感官的感触。第二，乐事方面。这既包括可乐之事，也包括可爱之善。这是说，对象是可以在存在的境域中被感知的。例如，我们专注于欣赏春天中的一朵花，那么这朵花在春光的映衬下，就有一种娇艳的美。还有，"善"虽然不是具体之对象，但仍然可以令人愉悦。第三，良辰好景方面。这是说，我们可以尽情地领悟令人陶醉的情境，它就是美的显露。例如，整个春天的气息就是美妙的存在，是一种难以名状、难以言表之美。需要补充的是，这三者可以如上所述地这么区分，还可以以美这个词来给予说明。那就是，美既可以是名词，也可以是形容词。美作名词时，是指乐事，具体包括美的事物、道德之价值（善），还可以指美的存在（良辰好景）；而当美作形容词时，可以用来表达美的体验（赏心）。如此理解，在汉语与英语文化中，都是合情合理的，这也表明了中西文化的相通性。当然，这也从另外一个方面说明了美具有上述的三重内涵。

从联系来看，赏心、乐事和良辰好景，这三者是交织在一起的，彼此不可分割。乐事，一定是情境（即海德格尔所说的"存在"）中的事情，没有存在，脱离存在，只是孤立的事情，这是根本不可想象的。同理，没有具体的事情，存在也无从谈起，因为存在都是存在者的存在。可见，事情与存在是一体的，即乐事与良辰好景构成了一个整体。当然，这个整体性也是依靠人的体验而显现的。没有体验，万物都无法存在，因为，人是万物展现自身的窗口。美一定存在于人与物共同构成的关系之中。

三、美的内涵

从上述可知，美就是赏心、乐事与良辰好景的总称。理解了这一点后，我们还有必要对其内涵进行详细的解说。具体而言，它包括以下三个方面。

1.美是赏心——幸福的体验

美通过人的体验才会产生，所以，幸福的体验成了美的重要组成部分。现实生活之中，我们一般不可能体验到一种令人痛苦的美，也不太可能体验到令人厌恶的美。所以说，美的体验是令人愉快、幸福的。桑塔耶纳在《美感》中指出："美是一种积极的、固有的、客观化的价值。或者，用不大专门的话来说，美是被当作事务之属性的快感。……美是在快感的客观化中形成的，美是客观化了的快感。"①美既是积极的、固有的价值，也是客观化了的快感。我们之所以会产生快感，主要是因为我们对外物投入了积极的情感。柳宗元在《邕州柳中丞作马退山茅亭记》中说："夫美不自美，因人而彰。兰亭也，不遭右军，则清湍修竹，芜没于空山矣。"②美不仅仅是自身形成的，而且要依靠人进行彰显。绍兴的兰亭，没有遇到王羲之，可能会默默无闻。同样，山也因为有贤人而著称，美景也是因为有贤人而成为胜境。所以，元代王恽在《游东山记》中说："然山以贤称，境缘人胜。如赤壁，断岸也，苏子再赋而秀发江山。岘首，瘴岭也，羊公一登而名垂宇宙。"③

这就是说，"山不在高，有仙则名。水不在深，有龙则灵。斯是陋室，唯吾德馨"。同理，美也是唯吾得"欣"。可见，心中有积极的价值，才会有客观化了的快感。例如，当我们闭目养神，心中毫无杂念之际，内心会感觉到无比的愉悦，这就是一种无言之美。所谓"大象无形""大音希声""大美无言"，就是这个意思。另外，当我们发呆，回忆美好的往事之时，心中往往会涌起一股股暖流，让人浮想联翩、流连忘返，等等，这都是快感，也都是美感。对此，我们每一个人都有切身的体验。

也正因为美感是美的基础，所以，在探讨美的本质中，主观

---

① 桑塔耶纳：《美感》，缪灵珠译，北京：中国社会科学出版社，1982年，第33—35页。
② 柳宗元：《柳河东集》，上海：上海人民出版社，1974年，第454页。
③ 王恽：《秋涧集》，文渊阁《四库全书》，台北：台湾商务印书馆，1986年。

派对美感推崇备至，认为美只存在于人的心中，美是心灵的创造。这种理论虽然也存在着不足之处，但在美的体验这一点上，却也有相当的道理。

2. 美是乐事——令人愉快的事情

众所周知，美是审美关系的产物。从主观方面来说，美是快感。从客观方面来看，美是乐事，即赏心悦目的事情。具体而言，乐事包括两个方面：一是令人愉快的对象；二是道德的价值。

首先，可以肯定的是，美是令人愉快的对象。这种对象摆脱了功利的色彩，不依赖于概念，具有无目的的合目的性。因此，它给人带来的愉悦感是非常纯粹的，而且也具有普遍性和必然性。

说到美是令人愉快的对象，经常涉及一个问题，那就是，美是否是一种存在于对象里面的属性？回答这个问题，颇为复杂。因为，如果美不是对象的属性，我们怎么会喜爱花朵、美人，而不喜欢垃圾、废物？如果美是对象的属性，似乎花朵里面、美人身上又没有这种属性。所以，这就存在着两可的局面。正因为如此，美的客观派认为，美是对象的属性，这种见解毫无疑问是有道理的。但是，主观派对此持否定态度，认为美不是对象的属性，而只是人心中的快感，这当然也有一定的合理性。其实，两种观点都有道理，但正确的解释应当把两者进行整合，那就是：美是对象的一种属性，这种属性令人愉快。

可见，美是具有令人愉悦之属性的对象。当然，对象之所以美，除了其本身的属性，还与衬托它的背景、场景息息相关。例如，我们在欣赏一朵花时，会感觉到花朵很美，这个美是花朵本身的美以及衬托它的场景造成的。毕竟一朵花在春天里开放，与在花瓶中开放，是两种完全不同的情况。为什么如此？这可以从美感方面来寻找答案。因为，我们人的美感既有综合性的一面，也有独立性的一面。也就是说，我们的美感在进行综合感受时，各个感官也在独立作业。我们能够同时调动自身所有的内外感官，进行综合的把握。同时，我们的感官也天生具有单独选择的功能，我们可以专注地用眼睛看，或用耳朵听，或用鼻子闻，等等。所以，当我们专注于用一个感官来欣赏的时候，当然可以发现花朵本身之可爱和美丽。但是，我们不能因此而忽视花朵是处于一定的场景之中，也不能忽视我们的独立感官总是在整体感知的体验中产生作用的。

另外，我们也深知，美是道德的价值，即"善"。善必然令人愉悦，而恶必然使人痛苦。令人愉悦，当然让人觉得美，而令人痛苦，当然让人觉得丑。所以说，美与善是不可分离的。孔子所说的"尽善尽美"（《论语·八佾》)，就说明了这个道理。《孟子·尽心下》所说的"可欲之谓善，有诸己之谓信，充实之谓美"①，也说明美是建立在善的基础之上的。孔子所说的"岁寒，然后知松柏之后凋也"，说明了善可以以一种直觉的方式来反映美；用康德的话来说，即"美是道德的象征"。

---

① 朱熹：《四书章句集注》，北京：中华书局，1983年，第370页。

3.美是良辰好景——存在的敞开

美是良辰好景，美是存在的澄明和敞开。也就是说，美是无法形容的光亮。《庄子》所说的"天地之美，神明之容"，以及朱熹《观书有感》中的"天光云影共徘徊"，就是最好的证明。可见，我国古人的理论揭示了存在主义所理解的美的存在性。海德格尔曾经指出，美是无所不在的现身。这种观点非常深刻，当然，他的理论与我国传统的意境理论可谓不谋而合。在我国，美就是意境，而在海德格尔那里，美就是存在。因为，意境是一种情景交融的存在，而存在则是一种被感知的意境、场景。这个场景一定是令人心旷神怡的良辰好景。否则，让人浑身不自在，怎么会感觉到美好？

另外，良辰好景，作为良辰与好景的统一，实际上就是时间与地点的交织。良辰，就是美好的时辰，好景就是美好的景致。良辰好景当然就是此时此地的境遇，它通过此在的人，在特定的时空中，而得以澄明。海德格尔在《存在与时间》中说："存在者的存在被把握为'在场'，可见存在者是就一定的时间样式即'现在'而得到领会的。"①这就是说，存在（sein）只能是"此在"(dasein)的存在。而dasein是由da和sein组合而成的，其中，da表示特定的时空状态，所以说，存在是特定时空下的场景。

存在肯定是存在者的存在，而且是一种被感知的存在。海德格尔在《尼采》中说："按其最本己的本质来看，'美'乃是感性

① 海德格尔：《存在与时间》，陈嘉映、王庆节译，北京：生活·读书·新知三联书店，1987年，第32页。

领域中最能闪耀者，最能闪光者，以至于它作为这种光亮同时也使存在闪闪发光。存在是那种东西，人在本质上总是已经预先维系于它，已经为之出神。"①这就是说，美作为一种存在者，不仅本身闪光，也使其存在的场景闪光。人就处于这样的场景之中，人点亮了美，美也照亮了人。所谓人点亮美，是因为人是道德的生命个体，人的觉解程度决定了美的境界的高低。而美也以其光亮照亮了人生，美化了世界。所以，两者是作用与反作用的辩证关系。在这种动态的关系之中，人维系于美，容身于存在的澄明之中。只有如此，美才能现身；当然，在美现身之际，人已经为美所吸引，并为之出神。

说到美是一种存在，这就表明美与美的事情是两个不同的概念。虽然，一般而言，美与美的事情可以相互代替，但是，严格来说，美包括了美的对象，因为，美涉及美的事情、美感和美的存在等三个方面。所以，我们在谈论美时，除了考虑到美的事情与美感，还应当想到美是一种存在。例如，春天就是一种存在性的美。对于这种美，我们虽然可以通过艺术作品来感受，但是这与沉浸式地体验春天相比较，毕竟是不可相提并论的。可见，美作为一种存在，一定是此在之人身临其境，而且有着深切的体会。海德格尔所说的人的本质维系于美的存在，就是指审美之人身处其中。

从上面的分析可知，对于美的定义，应当从三个维度来表述：

---

① 海德格尔：《尼采》上卷，孙周兴译，北京：商务印书馆，2002年，第217页。

美感、美的事情（包括美的对象和道德两个方面），以及美的存在。
这三个维度也反映了西方美学发展演变的历程。古希腊时期，柏
拉图认为，美是有益的快感（美感），也是美的事情。美的事情既
指具体的对象，也指道德的价值（善）。到了近代，康德总结、发
展了前人理论，把对美的探寻转向了内心，丰富了美感内涵，提
出了审美共通感理论。再到现代，海德格尔认为，美是存在，是
感性领域中"最能闪光者"。中西的概念虽然并不相同，但是，如
果合理转换，两者之间也能彼此契合。其中，美感，就是"赏
心"；美的事情，就是"乐事"；而美的存在，就是"良辰好景"。
既然美涉及三个维度，那么，简言之：美是赏心、乐事，以及良
辰好景的总称。

　　这种理论之所以值得关注和重视，就是因为它具有完整性。
因为赏心、乐事和良辰好景，涵盖了关于美的本质的西方各家理
论。西方对于美的本质的讨论先后经历了客观派、主观派、主客
统一派、社会生活派、社会实践派及存在主义等六个阶段。大致
而言，赏心、乐事包括了主观派、客观派和主客统一派。良辰好
景，涉及社会生活、社会实践及存在主义问题。试想，没有社会
生活、没有实践劳动，哪能创造出良辰好景？古人没有我们现在
的概念，但观念上与现在的思想如出一辙。

　　所以说，美是赏心、乐事和良辰好景的总称，这种定义溯源
有自、言之有理，它不仅体现了我国的美学理论，而且也符合西
方的美学思想。

美盲限制了想象

人们常说，贫穷限制了想象。此话当然有一定的道理，但是，这一句话改为"美盲限制了想象"，或许更为合理。因为，我们的想象，往往不是被贫穷限制了，而是被美盲限制了。美盲，就意味着没有发现美的眼睛，也不能体验美。而没有审美的眼睛，也没有审美的感受，怎么可能给予万物情感的润泽、积极的价值？没有情感与价值，想象也就无从谈起。

其实，贫穷并不会阻挠思绪的飞翔，而美盲却会折断想象的翅膀。因为，贫穷只是物质比较匮乏，可能会限制我们的某些行动，也可能会影响我们的某些见识，但是，这与想象并没有必然的联系。因为，想象是心灵的舞蹈，心灵充盈，思绪就能展翅翱翔；心灵空虚，就没有办法自由地飞翔。而解放我们心灵的法宝，与其说是外在的事物，还不如说是内心的情怀。我们的情怀，就是发现美的眼睛，体验美的情感。美学作为感性学，其实就是心灵的直觉学、情感学。审美不仅是感官的体验，更是情感的体验，以及心灵的想象。这就是说，美感就是想象的动力，而美盲就是想象的最大阻力。其实，我们的生活本来就充满了阳光，到处都有美不胜收、令人心动的景致。所以，就算感觉生活平淡无奇、枯燥乏味，那也不能愤愤不平、怨天尤人，更应该从自身方面寻找原因。因为，生活中并不缺少美，而只是缺少发现美的眼睛。一个对象美不美，除了对象本身的属性，还取决于与之相匹配的个人的审美能力。马克思在《1844年经济学哲学手稿》中说："对象如何对他说来成为他的对象，这取决于对象的性质以及与之相适应的本质力量的性质；因为正是这种关系的规定性形成一种特殊的、现实的肯定方式。"①

　　贫穷虽然会影响我们的见识，但美盲会影响我们的想象。在艺术创作中，有见识，没有想象，往往只能进行事物的罗列。缺少见识，而有想象，却可以变幻出奇特的景象。贫穷虽然会改变我们的观念，但美盲会改变理想的信念。试想，一个人如果对生活没有任何信念，很难会对未来产生美好的憧憬。

　　贫穷是物质造成的，而美盲则是心灵造成的。想象是心灵的力量，而不是物质的属性。所以，贫穷之人站在简陋的场地，吃着粗陋的食物，照样可以怀揣着美好的愿景。

　　历史上，这样的事例举不胜举。例如，庄子的想象是天马行空、瑰丽奇幻，他幻想天宫、仙境、神仙等，所有这些都是我们见所未见、闻所未闻，这完全不是见识所能企及的。《逍遥游》中的大鹏，翅膀几千里宽，拍打水面可以激起三千浪花，一飞冲天，

---

① 马克思：《1844年经济学哲学手稿》，刘丕坤译，北京：人民出版社，1979，50页。

能够飞到九万里高的天空。此外，还有大量的神奇人物，包括肩吾、无足、啮缺、连叔、支离疏、叔山无趾、接舆、知和、王倪、无为谓、蒲衣子、北人无择、伯昏无人、女偊，等等，让人眼花缭乱、目不暇接。又如，李白在《梦游天姥吟留别》中展现了丰富的想象，营造了雄伟的意境。他游历于天界，遇见了众多衣袖飘飘的仙人，这完全不是生活的再现。换言之，这不是作者的写境，而是艺术的造境。但是，李白生活并不富裕。所以说，李白的贫穷，并没有阻碍他的想象。类似的还有许多，杜甫、柳永都是一生贫穷，但他们的许多作品往往都充满了瑰丽的想象，意境如梦似幻，令人回味无穷、心向往之。显然，他们理想中的神奇世界，我们当今有见识、有知识之人不一定能够遐想出来。所有这些，难道不都是审美想象的证明吗？

与之相反的是，古今中外，许多大富大贵之人，享受了许多人间的美味，感受了无数人间的欢乐，但他们并没有因此而激发出奇特的想象，也没有留下脍炙人口的佳作。

所以说，想象与贫穷没有必然的联系。如果有谁认为美只是富人的专利，那也只是一种肤浅的见识。假如想象与贫富成正比，那么，经济越发达，人们的想象就应该越丰富。可是，事实真是这样的吗？回答当然是否定的。否则，古人"精骛八极，心游万仞"（陆机《文赋》）的想象，从何而来？盘古开天、女娲造人、夸父追日、嫦娥奔月、精卫填海、牛郎织女的神话，又从何而来？

可见，心中播下了美的种子，想象自然会丰富多彩。心中没有美的激荡，想象必然是干瘪乏力的。换言之，没有美，心灵就会缺乏激情。心中有美，会激发我们生活的热情，并用双手去拥抱生活、拥抱未来。这样的激情，岂能不让人浮想联翩？

美是想象的翅膀，而想象是美的灵魂。想象能够借用心情润泽的色彩，去渲染一切美好的事物。想象也能够把实用转化为纯粹的意图。美国现代美学家帕克曾说："审美价值是在想象中转化了的实用价值。鞋子看起来很美，而不是穿在脚上的感觉，但却必须是看起来觉得穿着它是舒适的才行。屋子的美不在于住在里面很舒适，但必须看起来使人觉得住在里面是舒适的。美就在对它的用途的回忆和预测中，它们是思想的两个方面。用是行动，美则是纯粹的意图，明白了实用意图作为纯意图进入美中，则可解决实用工艺品的矛盾，可以调解人们坚持艺术与生活相联系和美学哲学所主张的美的非功利性的矛盾。"[1]美虽然与生活相关，但又同时具有非功利的色彩。这种非功利性，当然是想象的产物。

总之，美盲会限制我们的想象，而美感则会激发我们的想象。所以，如果想让心灵充满奇特的想象，那首先就要对生活充满激情，其次还要多读书、多游历，不断提升自己的审美情趣、思想境界。

---

① 滕守尧：《审美心理描述》，成都：四川人民出版社，1998年，第28页。

美在憧憬

美，无所不在，无时不在。如果从客观存在方面来看，我们可以说：美在生活，美在自然。而如果从主观心理方面来看，我们又可以说：美在憧憬，而憧憬就在可以期待的未来之中。

我们每个人都处于时空一体的状态下。未来向我们走来，现在与我们同行，而过去则推动着我们不断前进。这就是说，未来是我们生活之中一个重要的组成部分。因为有未来，我们才可以心安理得地享受着美好的生活，否则，一定比热锅上的蚂蚁还惊恐。可见，未来是一个值得关注的伙伴。它每时每刻都跟随着我们，而又若即若离。未来像一朵云，不停地飘荡，让我们充满了幻想，满怀着希望。未来是一幅正在展开的美丽画卷，带给我们无限的遐想和憧憬。怀揣未来的艺术作品总是能那么轻易地打动我们的心灵，其原因就在这里。

一曲《可可托海的牧羊人》以年轻人对于爱情的向往，再次诠释了这个极其朴素的道理。尽管在登上2021年春晚之前，它已经火了好几个月，但还是借助强劲的春晚舞台，重新点燃起了人们广泛传唱的热情。这首歌曲表达的是一个牧羊人和养蜂女的故事。他们在花开草长的季节相遇，两颗漂泊的心也渐渐摩擦出了爱情的火花。牧羊人打算默默地等待心上人，但最后只是等来了养蜂女即将嫁人的消息。正是这样的执着和等待，促成了这个故事，并随着优美而伤感的音乐，飞进了千家万户。

可见，表达憧憬，是文艺作品生命力的关键所在。自古以来，这类的作品有很多，我们可以列举出大量的实例。如，李商隐在《夜雨寄北》中写道："何当共剪西窗烛，却话巴山夜雨时。"作者希望有一天能够与妻子在窗下对面而坐，时时挑动烛芯，彻夜长谈，共享美好时光。

李白《将进酒》中的"天生我材必有用，千金散尽还复来"，苏轼《水调歌头·明月几时有》中的"但愿人长久，千里共婵娟"，等等，也都寄托了作者对未来那种深情而美好的无限企盼。

憧憬，充满了理想和信念。事实上，只有一个人内心怀揣希望，他才能有积极的心态去工作和生活，才能在平淡的事物之中，发现闪光点。反之，如果他对任何事物都无动于衷，那么，他也就没有什么美感可言。人们常说，哀莫大于心死。如果一个人心灰意冷，把自己的心灵封闭起来，他怎么能够发现生活之中的美呢？

憧憬，充满了激情。从心理学的角度来看，没有得到的东西，才是最美的东西。而一旦得到，往往会产生一种厌倦的心理。叔本华在《作为意志和表象的世界》中说："人的本质就在于他的意志有所追求，一个追求满足了又重新追求，如此永远不息。是的，人的幸福和顺遂仅仅是从愿望到满足，从满足又到愿望的迅速过渡；因为缺少满足就是痛苦，缺少新的愿望就是空洞的想望、沉闷、无聊。"[1]这就是说，欲望得到了满足，快乐也就随之减少，所以，我们经常会有新的愿望，并产生憧憬，这种憧憬会牢牢地掌控着渴求生命的我们。这正如路克内兹的《物性论》所说："因为我们所追求的，一天还未获得，在我们看来，它的价值便超过一切，可是一旦已拿到了手，立刻又另有所求。总是那一渴望紧紧掌握着我们，这些渴求生命的我们。"[2]

　　说到憧憬，我们自然也会怀念起往日的美好岁月。20世纪70—90年代，社会的发展还处于起步阶段，甚至到21世纪之初，人们的生活水平整体还不是那么高。因此，还有许多愿望没有实现，内心没有厌倦之感。外国的新鲜事物刚刚进入国门，国人都感觉非常好奇，自然是欢天喜地、欣喜万分。

　　所以，表达这种情感的歌曲也就自然而然地涌现了出来。例如，《沿着社会主义大道奔前方》《双脚踏上幸福路》《我们的生活充满阳光》等，无不唱出了那个年代的心声。纯真的年代，熟悉的旋律，总让人不禁浮想联翩。那时，人们无不满怀希望地盼望美好的未来。他们身上有使不完的劲，心里有唱不尽的歌。他们在经历了相当漫长的苦难日子之后，突然之间，迎来了欣欣向荣

---

① 叔本华：《作为意志和表象的世界》，石冲白译，北京：商务印书馆，1982年，第360页。
② 参见叔本华：《作为意志和表象的世界》，石冲白译，北京：商务印书馆，1982年，第436—437页。

的局面，怎么不让他们手舞足蹈、兴高采烈啊！

在当时，爱情是属于比较新鲜的事物，也还处于朦胧发展阶段，大家当然是翘首以盼。而且，一些传统的观念让年轻人感到压抑，因而使他们产生了一定的厌倦心理，于是，爱情之火喷薄欲出。所以，许多耐人寻味、经久不衰的唱曲，也就传遍了大江南北。《在那遥远的地方》就是其中非常经典的作品。这首优美的歌曲表达了一种强烈的愿望，一位痴情的男子愿意抛弃一切财产，跟着那个美丽动人的姑娘一起去放羊，每天看着她动人的眼睛和那镶着美丽金边的衣裳，甚至还想变成一只小羊，跟在她身边，让她拿着细细的皮鞭，轻轻地打在他身上。

除了爱情，友情也非常可贵。朋友们愿意携手前行，创造美好的未来。《年轻的朋友来相会》抒发的正是这方面的激情。

再过二十年，我们重相会，
伟大的祖国，
该有多么美！
天也新，地也新，
春光更明媚，
城市乡村处处增光辉！
啊！亲爱的朋友们，
美妙的春光属于谁？
属于我，属于你，
属于我们八十年代的新一辈。

听到这样优美的歌曲，仿佛我们又回到了曾经的岁月。当时，年轻人一个个朝气蓬勃，干劲十足，他们坚信，未来的生活，一定是如诗如画，无比的美好，所以，情不自禁地深情呼唤着明天的到来。因为，祖国面貌日新月异，再过几十年，天也新，地也新，春光更明媚，城市乡村处处增光辉！

当然，人们不仅希望祖国更美好，也企盼世界更美好，所以，情不自禁地唱出了《明天会更好》。

唱出你的热情，
伸出你双手，
让我拥抱着你的梦，
让我拥有你真心的面孔，
让我们的笑容
充满着青春的骄傲，
让我们期待明天会更好。

这首歌曲通过平和而热切的曲调，表达了人们祈求和平的美好心愿。这样的歌曲，听来总是让人心潮澎湃，热血沸腾，因为，我们相信，世界会和平，明天会更好。

可见，优美的旋律，让我们深知文艺作品只有表达人们共同的理想和希望，才能产生美的普遍性，让人共鸣。否则，只是无病呻吟，很难打动人心、让人喜爱，当然也就很难产生广泛的社会效应了。

　　20世纪的流行音乐，之所以能够广为传唱，其中一个重要原因就在于，歌曲普遍表达了一种期待未来的愿望，这当然与社会的发展阶段十分吻合。文艺作品是时代的镜子。这正如施莱格尔所说，诗人不过是人类精神的器官，他的作品表现了人类的完整个性，此外还通过其灵魂的自我写照，像镜子一般反映时代和周围世界。①毕竟，那是一个蒸蒸日上的时代，而且一切都刚刚起步，无论是爱情还是各项事业都是如此。所以，年轻人既没有酒足饭饱之后的倦怠心理，也没有百无聊赖之际的无谓情绪，更没有手机电脑充斥日常生活的寂寞和无奈。在这样的社会氛围之中，大家热情洋溢、满怀豪情，所以，歌曲也就激情澎湃、魅力四射了。

---

① 孟庆枢主编：《西方文论选》，北京：高等教育出版社，2002年，第180页。

鲜花总比汽车美

　　每当春天来临，到处繁花似锦，争相观看花海的人群，如潮水一般涌向花丛中，然后留下一串串欢歌笑语。与此同时，山脚下一排排汽车，虽然时髦亮丽，却并不引人驻足。对此，我们都会不由自主地感叹，还是大自然的鲜花是最美的景色，这岂是汽车所能比拟的？

　　如果你经常下厨房，就会发现，露天的农家蔬菜要比大棚蔬菜好吃得多。例如，露天生长的胡萝卜，虽然看上去小小的，长得也不怎么规整，而且上面还有许多须毛，却有一股淡淡的清香，散发出田野的味道。而大棚里生长的胡萝卜，个头很大，与筷子差不多长短。与露天胡萝卜相比，长度长了两三倍，重量多了四五倍，但色泽却没有那么清亮，香气也几乎荡然无存。虽然如此，大棚胡萝卜还是畅销于各大菜场和超市，这主要是因为其个头大，分量足，可以卖个好价钱，这一点是露天生长的胡萝卜难以相比的。大棚胡萝卜在市场上的畅销，只是现代生活的一个缩影。类似的事情还真不少，例如，现在某些生活在城市的十多岁小朋友，居然没有见过生猪，也不知道花生是长在哪里，真是"四体不勤，五谷不分"啊！所以，他们会因为见到一两只大鹅而惊讶万分。其实，《红楼梦》里所说的"没有吃过猪肉，难道没见过猪跑？"现在怕是要反过来说：没见过猪跑，难道就没吃过猪肉吗？

现代生活的真实面貌是，我们对周围的生生之机已然有些陌生。如今，科学技术高歌猛进、日新月异。在我们的周围，到处都是汽车、电脑和手机。它们已经从以前的各种工具，越来越变成了控制我们日常生活的霸主。我们的生活早已发生了翻天覆地的变化，在我们还没有缓过神来的时候，就发现一切都不是原来的样子。如今，我们走在路上，不得不时时回头观望，生怕后面突然窜出一辆呼啸而至的汽车。我们干着活儿，也不得不时时看看电脑，担心微信或QQ中来了重要的信息或会议的通知，如不及时了解，可能会耽误了时间。所以，我们常常是整天沉浸在瞬息万变的网络之中，而不能自拔。我们虽然与朋友面对面坐着，但往往又各自捧着心爱的手机。我们在信息爆炸的时代，每天都在拼命地玩着手机、电脑，似乎是在自由自在地享受休闲时光，但实际情形并不是如此简单。我们在某种程度上，已经在利用休闲时期来积攒能量，准备投入下一段工作中，或是下一次的娱乐之中。在工作中，只是职工，而在娱乐中，只是粉丝而已。换言之，我们在努力地为别人而生活，或者是为别人而赚钱。

现代的社会，是汽车、电脑充斥的社会。我们似乎变成一刻不停的机器了，这真是自讨苦吃啊。我们每天围着汽车、电脑转，却又非常奢侈地向往诗和远方。但是，往往事与愿违，因为，汽车、电脑进入文艺作品之后，除了娱乐，几乎没有美感可言。究其原因，其实也不难理解。且不说它们会造成大量的污染，仅就其外表或所蕴含的生命而言，也无法与鲜花相提并论。鲜花进入文艺作品之后，似乎仍然是香气扑鼻、鲜艳欲滴。它们完全是自然的使者，不同的季节带给我们不同的生命之美。所以，遥想古人，总让人羡慕。他们生活在杨柳依依、小桥流水的大自然怀抱之中，处处都充满了诗情画意。《诗经》中的灼灼桃花，灿烂了整个春天，至今仍然点亮我们的视野，让人浮想联翩。这样的例子还有很多，可谓数不胜数。杜甫在《江畔独步寻花·其五》有言："黄师塔前江水东，春光懒困倚微风。桃花一簇开无主，可爱深红爱浅红？"苏轼在《海棠》有言："东风袅袅泛崇光，香雾空蒙月转廊。只恐夜深花睡去，故烧高烛照红妆。"陆游在《临安春雨初霁》有言："小楼一夜听春雨，深巷明朝卖杏花。"李清照在《点绛唇·蹴罢秋千》有言："和羞走，倚门回首，却把青梅嗅。"他们都为我们定格了各种美好的瞬间，它们俨然还停留在我们的眼前。可见，他们的世界有鲜花与树木的装点，宛如仙境。这就是他们体验的日常生活，这就是我们向往的童话世界。

想想我们的生活，不禁要说，汽车哪有鲜花美？要不然，哪有把鲜花比作姑娘的道理？生活中，我们只能说，姑娘好像花一样，却不能说姑娘好像汽车一样。否则，岂不让人感到莫名其妙？汽车显然没有鲜花美，但我们整天面对的不是鲜花，而是汽车。我们不是为了美和浪漫，而是为了便捷和效益。我们每天不得不面对冰冷的机器，而这却是现实。

所以说，今天的美与古时的美是不同的。因为，自然界万物是有温度和生命的，现代的机器并没有我们常规的温度，也没有我们理解的生命。古人一直都强调"鸢飞鱼跃"的景致，那是一个生机勃勃的世界。你站在那里，满眼都是春光，或者不是春光也胜似春光。因为，"万物静观皆自得，四时佳兴与人同"（程颢《秋日》）。万物都竞相生长，呈现一派欣欣向荣的景象，这怎能不让人感叹、震撼？

我们现在的生活肯定比古人富裕、繁华，但是，我们生活的世界比古人更美吗？想一想古人，他们的居室往往是绿树掩映，鲜花点缀。所以，他们会说："桃红复含宿雨，柳绿更带朝烟"（王维《田园乐七首·其六》），"榆柳荫后檐，桃李罗堂前。暖暖远人村，依依墟里烟"（陶渊明《归园田居·其一》），"日出江花红胜火，春来江水绿如蓝"（白居易《忆江南·其一》）。显然，古人生活的世界完全是自然的，自然也回报以五彩缤纷、万紫千红。如今，在工业化的世界里，走在大街上，面对的是花花世界，以及来来往往、川流不息的汽车。这些汽车美吗？汽车不能说不美，但是，它们比鲜花更美吗？答案不言而喻。如果抛开功利的因素，还是不得不承认，我们更愿意选择鲜花，而不是汽车。

古人没有汽车，生活节奏非常缓慢。而如今到处是汽车，生活节奏也越来越快，快得让我们目不暇接、眼花缭乱。我们似乎忘记了以审美的眼光欣赏自然，反而热衷于用各种理论来考量其中的经济效益。所以，我们真的要停一停，慢一慢，好好地欣赏这个美妙的世界。

在现在社会，我们越来越不会审美，也无暇审美。之所以不会审美，是因为功利的意识几乎占据了我们思维的全部。按照勃兰兑斯的观点，我们看待事物有三种眼光，分别是理论的、经济的和审美的。所以，当我们只关心经济利益的时候，哪里还有所谓的审美视角？之所以不能审美，是因为事情太多。如今，一件事情还没有做完，另外一件事情早已迫在眉睫。从前有心情、有时间慢慢地做一件事，现在没有心情，也没有时间慢慢地做任何一件事情。

在古代社会，没有那么多高耸入云的建筑。所以，站在田野或乡村，视野也非常开阔。这对于领悟宇宙的苍茫、大地的辽阔，无疑提供了方便。这样，人的心情也比较舒畅，当然也就能够欣赏到自然的美景了。

在如今这个时代，我们的外在感官因着机器提供了不少方便，从而忘乎所以，大行其道，因此，内在感官受到了前所未有的压制。在古代社会，人们更喜欢用心灵去感知万物。心灵与自然合拍，并因此产生了共鸣。现在，我们的外在感官由于不停地追逐，早已疲倦不堪了。所谓审美疲劳，也正是此意。事实上，外在感官本来就更容易对外物产生厌倦感，更何况是处于这个繁忙的世界。相反的是，心灵更容易去感知事物的形状、颜色、声音，从而发现美、感知美，并因此而获得持久的美感。

现代社会把人的欲望推到了一个无以复加的程度，所以，我们也不知不觉地陷入了忙忙碌碌的旋涡。"忙碌症"早已把我们压得喘不过气来。当然，在如今科学技术强势出击的时代，完全否定汽车与电脑之类机械所呈现的美，显然也是偏颇的。而且，汽车、电脑等机械也确实提供了不少便利，也创造了社会的繁荣。但是，就美而言，我们还得承认一个不变的事实，那就是：鲜花永远都要比汽车更美。特别是在文学艺术作品之中，鲜花的唯美性、生命性更是显示出了任何机械都无法比拟的独特优势。

所以，我们在发展科学技术之际，还得考虑怎样留住大自然之中的生生之机、生命之美。

千针万线有大美

　　曾经，我们大多数人对于针线之美，几乎视而不见。如今，针线之美却越来越引人瞩目、讨人喜爱了。之所以如此，审美观念的变化，居功甚伟啊。可见，美还是在于发现和体验。针线之美也是如此。它有待于年轻人投入激情，从而让这种古老的传统及蕴含的精神，发扬光大，生根发芽。

　　针线之中有大美。针线之美，美在优雅的动作，美在手中精美的图案。针线之美，美在勤劳，美在坚韧，美在情思……

　　针线活，看似微不足道，其实也是一种艺术。但是，说到艺术之美，我们似乎只关注书法、绘画、雕塑等，而很少会留心手中的针线。然而，针线之美，一直在我国民间流行，它作为一种具有浓厚民族气息的奇葩，生长于田间地头，滋养了千千万万中华儿女。优秀的作家并不会忽视其存在的价值。曹雪芹在《红楼梦》中就反复提及，并有细致的描绘，这值得我们细细地欣赏和品味。例如，第三六回中，袭人为宝玉绣的绫红里的肚兜，上面有鸳鸯戏莲的花样，红莲绿叶，五色鸳鸯，十分美好。宝钗见此，赞叹不已地说道："嗳呀，好鲜亮活计！这是谁的，也值的费这么大工夫？"[1]

《红楼梦》里的这段故事，又让我们想起了具有悠久历史的乞巧节。每年农历七月初七的乞巧节，女子都会向神灵祈祷，希望神灵赐给她一双巧手，可以用针线编织出最美的图画、最结实的布艺。所以，这个节日是妇女乞求心灵手巧的节日，也是礼赞妇女手工的节日。试想，古代多少女子是在针线中度过了美好的青春，所以，针线之中，寄托了她们深深的情思。例如，曾经流行于日常生活中的手帕，横也是丝（思），竖也是丝（思），蕴含着无限的诗意。

其实，针线不仅代表了个人的情愫，还象征着中华民族的伟大精神。中华民族自古以来就是一个勤劳、内敛、含蓄的民族。针线活传承了几千年，那是爱的结晶、智慧的象征、勤劳的标志、坚韧的体现，所有这些都在秀美的图案中得到了深刻的诠释。

针线，是爱的结晶。一针一线，慢慢地游走于灵巧的手中。这里面凝聚着深沉的爱，有亲情，还有爱情。孟郊在《游子吟》有言："慈母手中线，游子身上衣。临行密密缝，意恐迟迟归。谁言寸草心，报得三春晖。"这唱出了母子之间的深情。柳永在《定风波·自春来》有言："早知恁么，悔当初、不把雕鞍锁。向鸡窗、只与蛮笺象管，拘束教吟课。镇相随、莫抛躲，针线闲拈伴伊坐。和我。免使年少，光阴虚过。"这赞美了一位贤淑的痴情

---

[1]　曹雪芹：《红楼梦》，北京：人民文学出版社，2005年，第479页。

姑娘。

针线，是智慧的象征。中国女子传承了一双巧手，这是文化的积淀，也是长辈的教导。针线可以编织出各种精美的图案，其中，最值得称道的是刺绣。那是艺术，也是生活。女子通过千针万线，把心中的美好画面表现在丝绸或纸上。而针法也多种多样，有套针、齐针、扎针、平针、长短针、打子针，还有戳纱等几十种，丰富多彩，各具特色。如果你看看中国的各种刺绣，包括苏绣、湘绣、蜀绣和粤绣，以及浙江台州纸上的刺绣等，就会感觉到其中的大美，不仅是图案美丽，更重要的是其中蕴含的智慧和细致。

针线，是勤劳的标志。今古贤文里有"一丝一缕当思来之不易，一粥一饭恒念物力维艰"的格言。古代还有"新三年，旧三年，缝缝补补又三年"的说法。通过缝缝补补，衣服之使用价值发挥到了极致。这是节约、简朴的美德。文人对此也有深情的描述。元稹在《遣悲怀三首·其二》有言："昔日戏言身后事，今朝都到眼前来。衣裳已施行看尽，针线犹存未忍开。尚想旧情怜婢仆，也曾因梦送钱财。诚知此恨人人有，贫贱夫妻百事哀。"妻子的衣服几乎都施舍给了穷人，但她曾经使用过的针线包，作者视若珍宝，多年以后，仍然好好地保留着，而且还舍不得打开。要知道，这细小的针线可是他妻子缝缝补补、勤俭朴实的剪影。每当想到针线，那灯影下穿针引线的身影，仿佛就会浮现在眼前，它展现了妻子的贤惠。而这样的可爱女子，生活在千家万户，而且一直就在我们的身边。

针线，还是坚韧的体现。只有细心坚韧的品格，才能变幻出如此美丽的图案。试想，完成一件一尺见方的刺绣作品，至少要花费一个多月的时间。这一个多月，她们几乎一心扑在上面。她们也许会眼花、腰酸背痛，但她们能够默默忍受。否则，上面的花鸟树木、人物形象也无法成形，而其中的色彩和明暗对比也不可能表现得淋漓尽致。

所以，说到针线，我们应当怀有一种敬畏之情。面对那密密麻麻的线头，你一定会感叹它的精美及饱含的辛劳。因为，它是祖先在物质匮乏时期谋生的手段、生活的本领，也是她们闲暇时对于艺术的追求，展示了她们的聪明才智。事实上，这不仅仅是手艺、技能的问题，而且是耐心和细腻的问题。只有耐心和细腻，才能绣出如此精妙绝伦的艺术品。所谓慢工出细活，在点点滴滴中，最好地诠释了中华民族的美德：坚忍不拔、急缓有致。

在丝绸或纸片上行走的一针一线，是针线，更是美德；是线头，更是耐心；是图案，更是细腻。据此而言，谁说女子不如男？这正如豫剧《花木兰》中的一段唱词所说："刘大哥讲话理太偏，谁说女子享清闲？男子打仗到边关，女子纺织在家园。白天去种地，夜晚来纺棉，不分昼夜辛勤把活儿干，这将士们才能有这吃和穿。怎要不相信（哪），请往身上看，咱们的鞋和袜，还有衣和衫，这千针万线可都是她们连（哪啊）。有许多女英雄，也把功劳建，为国杀敌是代代出英贤，这女子们哪一点不如儿男？"

总之，针线活儿，值得我们珍视。如今针线活儿再次成为热门话题，让人欣慰。但是，我们应当知道，我国针线方面的理论和实践，整体上仍只是流行于民间，似乎难登大雅之堂。另外，我们对于针线的工作，并不够重视。偶尔也会有几个记者采访做针线活的人，在媒体上刊登一下，然后归于平静。这样就造成了一个尴尬局面，会做手工的人，不会写书；能够写书的人，不会编织。所以，许多读者在读了相关的著作之后，除了知道一些理论，根本就不懂得具体怎么操作。相比之下，日本在针线领域就取得了相当的成功。他们比较注重实践能力，社会上认可度也比较高。例如，影视明星山口百惠退出娱乐圈后，开始著书立说，其第一本书所写的，就是研究拼布。另外，那些来我国求学的日本学生，他们从事研究时，会深入我国农村进行田野调研，然后写出比较专业的论文。

总的来说，我们要加大这方面的宣传和推广力度，让更多的年轻人热爱这些古老而散发着芳香的文化遗产，从而使它们走向日常生活。

古人"存理灭欲"为后人留下了绿水青山

"存天理，灭人欲"是宋明理学家朱熹提出来的理论，在很长一段时间，一直都被视为人们行动的纲领。例如，我们熟悉的大儒王阳明，其知行合一、致良知的理论就是建立在"存天理，灭人欲"的原则之上，明末儒士刘宗周也反复提倡这种理论。

如今，我们却往往把"存天理，灭人欲"之说，视为一种迂腐和守旧的观念。其实，我们做出这样的判断，完全是从现代人的眼光来看问题，而忽视了其产生的历史语境。如果我们回归历史就能够懂得，这种观念也有其合理之处。因为，古人把天理视为一种善，而把人欲视为一种贪欲。《说文解字》解释"欲"为："贪欲也。"所以，"存天理，灭人欲"就是指抛弃贪欲，保存善念。现代人将其视为迂腐，完全是望文生义而造成。而且，这种理解，也体现了现代一些人对贪婪、欲望的纵容。

不知大家注意到没有，在文艺作品中，我们往往喜欢反映各种犯罪中可见可闻的问题，却很少有人对人性之中所隐藏的贪婪进行深刻剖析和批判。也许前者容易理解，容易举例，因此相关的作品不断登上银屏，畅销市场。于是，到处可见的是谍战、警匪等题材的作品，但是，很少见到人性反思之作。不可否认，法律上的犯罪，应当努力避免；但是，人性中的贪婪，不是也要尽力去克制吗？所以，我们不禁要发出这样的呼吁：当大家留心各种违法犯罪之事件之际，也不妨去剖析人性之中的贪欲。

不错，违法犯罪一定会在社会上造成巨大的祸患，但是，人性中的贪欲，也会给我们造成巨大的祸患。试想，如今，人类为了追求私欲，简直是肆意妄为，一些人为了吃到海鲜，干脆就驾船到深海之中效肆捕捞；为了吃到野味，空中飞翔的小鸟也不放过；为了眼前的经济发展，把大量的良田变成了高楼林立的住宅小区，几乎不考虑子孙后代的福祉问题。类似的事情，不胜枚举。我们把人性的欲望发挥到了极致，确实发展了经济，满足了私欲，但是，我们想过地球上其他生命的状况吗？要知道穷奢极欲的后果。人类的污染造成了可怕的温室效应，于是，冰川开始融化，北极熊的生存环境每况愈下，而其他各种灾难也都频频出现。如果认真想一想，我们必然能够懂得：那些行为对地球、对后代，早已造成了难以逆转的负面影响，这不也是一种值得深思的罪过吗？

所以，每当面对古人的"克己复礼""存理灭欲"之类的言论和行为时，我不禁掩卷叹息，因为，我并不觉得他们迂腐，而是深深体会到了他们的智慧，并对他们的行为表示由衷的敬意。《刘宗周全集》曾记载："明道先生在澶州日，修桥少一长梁，曾博求之民间。后因出入见林木之佳者，必起计度之心。因语以戒学者，心不可有一事。"[①]这是说，程颢因为修桥缺少一根长梁，而不免对上等树木打起了主意。但静心一想，他马上感觉到自己的不对，于是告诫后来的求学者，心中不要滋生任何杂念。程颢由于自己心中产生了杂念而颇为自责，这种观念拿到现在，其他人可能不但不会表扬他，还要奚落他，并催促他想方设法地去发明一个机器，以便几分钟就可以砍下一根树木，让它变成长短合适的桥梁。其实，程颢真是愚蠢吗？不，他一点也不愚蠢。因为，他深知，管理内心的私心杂念，远比发挥自己的聪明才智，要艰难困苦得多。

可见，对于朱熹提出的"存天理，灭人欲"理论，如果视之为迂腐不堪，甚至指责为戕害人性、泯灭人性，那么，这种无端的指责，其实也有夸大其词的嫌疑。毕竟，我们不能忽视朱熹产生那种观念的时代背景，而且也不能无视其在历史长河中的地位和影响。其实，在今天科技迅猛发展的时代，我们面对着各种污染，也应当回过头来审视一下古人的深刻思想。而且，客观来看，"存天理，灭人欲"也有其不可忽视的美学价值。首先，这种学说主要不是为了压抑人性，而且为了控制贪婪。因为，在古人来看，扬善惩恶是为人处世的基本准则，它具有普世的价值。康德的实践理性高于纯粹理性，即道德高于理性的观念，也与此遥相呼应。所以，我们当前把它视为一种行动的指南，也有一定的合理性。

---

① 吴光主编：《刘宗周全集》第2册，杭州：浙江古籍出版社，2007年，第206页。

其次，这种学说主张对自身进行约束，有其积极的意义，这与康德的自由即自律的理论也不谋而合。

事实上，正因为"存理灭欲"，古人才把对自然的占有和掠夺降到了最低，留给后人山清水秀、鸟语花香。假如古人也像我们一样，不断地购买，大量地贮存，然后又尽情地消费，随意地挥霍、污染，今天还有这么美好的自然环境吗？在一些时候，我们简直忘乎所以，想尽办法制造各种各样稀奇古怪的玩意儿，以刺激躁动的神经，以促进经济的迅猛发展。对此，大家也心安理得，并对身边的自然资源不加克制地利用。

现如今，人类正不约而同地向着未来狂奔，并尽情地挥洒自己的有限精力，拼命地消费、拼命地使用，于是，各种垃圾源源不断地涌向了大地，污染了江河，污染了空气。面对这样的状况，我们感叹不已，甚至痛心疾首，因此也更加怀念前辈们曾经那么悠然自得的缓慢生活，也更加深刻地理解了这么一个道理：平平淡淡、从从容容才是真，才是莫大的幸福！

所以，我们要感谢古人"存天理，灭人欲"的理念和行为，他们留下了悠久的历史文化，以及灿烂的古迹遗址，而且还回馈自然以最美好的环境。写到这里，我情不自禁地想起了古人的教诲，时至今日，它们依然那么振聋发聩、令人深思："勿以恶小而为之，勿以善小而不为！""但存方寸地，留与子孙耕！"

到底人间欢乐多

中国人是一个乐观向上的民族，总是积极地追求现实的人间之乐。对此，我们可以从三个方面给予说明。一是中国人的观念中具有明显的"乐感"特征；二是中国人讲求现实，把日常的口福之乐发挥到了极致；三是中国的艺术体现了与西方悲剧迥异的喜剧色彩。

第一，中国人的观念中具有明显的"乐感"特征。李泽厚在《中国古代思想史论》"试谈中国的智慧"一节中专门探讨了"乐感文化"[①]。其中，他通过中西文化的对比，提出了中国人看重"世间的幸福和快乐"[②]。的观点。他还认为，中国乐感文化之"乐"，具有"本体的意义"[③]，是"人生最高境界"[④]。

李泽厚的观点非常深刻。中国人确实把乐上升到了"本体"的高度。王阳明所主张的"乐是心之本体"之理论就是最好的证

① 李泽厚：《中国古代思想史论》，北京：人民出版社，1985年，第306页。
② 李泽厚：《中国古代思想史论》，北京：人民出版社，1985年，第308页。
③ 李泽厚：《中国古代思想史论》，北京：人民出版社，1985年，第311页。
④ 李泽厚：《中国古代思想史论》，北京：人民出版社，1985年，第308页。

明。这种理论表明人心之"乐"与天地融为了一体，具有生生之机。李泽厚在《中国古代思想史论》中说："人与整个宇宙自然合一，即所谓尽性知天、穷神达化，从而得到最大快乐的人生极致。可见这个极致并非宗教性的而毋宁是审美性的。这也许是中国乐感文化（以身心与宇宙自然合一为依归）与西方罪感文化（以灵魂归依上帝）的不同所在吧？"[①]这就是说，在天人合一的情境中，本体之"乐"可以落实到人间，具有审美的性质。当然，这种快乐的前提是，我们要乐善好施。据范晔的《后汉书·东平宪王苍传》记载："日者问东平王，处家何等最乐？王言为善最乐。"这里所说的为善最乐，一经提出，后世奉如为人处世之圭臬。王阳明在《为善最乐文》中说："君子乐得其道，小人乐得其欲。"王阳明认为，小人因欲望满足而乐，只是短暂的，而最终还是苦的。君子得道而乐，才是长久的，因为君子会得到别人的认可，可谓"无入而不自得也"。而且，为善之乐，"大行不加，穷居不损"，岂在于得失之计较？

正因为把"乐"视为一种本体，才有那种忧道不忧贫且苦中作乐的情怀。这种情怀，早在《论语》中就已经表现得淋漓尽致了。《论语》不仅首章就讲乐，还在书中多处提到了乐。孔子所说的乐，不是利欲之乐，也不是认知之乐，而是道德之乐。所以，"孔颜乐处"就成为后世文人努力追寻的境界。当然，文人善于求乐，普通百姓也懂得求乐。所以，"吾国人之精神"就是世间的、

---

① 李泽厚：《中国古代思想史论》，北京：人民出版社，1985年，第312页。

乐天的。因为，我们深知，人世间有许多职业、许多岗位，可以让我们去选择、去努力。我们只要持之以恒，专注于自己的爱好，就可以在自己的工作或爱好之中，找到乐趣，获得美感。另外，人世有许多美景，这是自然的恩赐，也是我们人类双手创造的成果。在汗水中，我们可以得到更多快乐的体验。黄梅戏《到底人间快乐多》最能体现中国人的这种乐观情怀："架上累累悬瓜果，风吹稻海荡金波，夜静犹闻人笑语，到底人间欢乐多。我问天上弯弯月，谁能好过我牛郎哥。我问篱边老枫树，几曾见似我娇儿花两朵。再问清溪欢唱水，谁能和我赛喜歌。闻一闻瓜香心也醉，尝一尝新果甜透心窝，听一听乡邻们嘘寒问暖知心语。看一看画中人影舞婆娑，休要愁眉长锁，莫把时光错过，到人间巧手同绣好山河。"

第二，中国人追求俗世的快乐，表现在对美食的执着。成语"吃喝玩乐"，把吃喝与乐相提并论，可见美食对于快乐的意义。常常听到有人说，能够吃到中国人所做的美食，那一定会感觉幸福无比。所以，林语堂在《吾国与吾民》中说道："人世间倘若有任何事情值得吾们的慎重将事者，那不是宗教，也不是学问，而是'吃'。"[①]可以这么说，美食在我们日常生活中，扮演着极其重要的角色。逢年过节、走亲访友、生日聚会、入职获奖、人情礼节等，无不要通过美食来表达彼此的情意。所以，我们在大街小巷，随时可见一边走路，一边大快朵颐的人群。再看街道

① 林语堂：《吾国与吾民》，上海：学林出版社，1995年，第326页。

两边的小店，常常挂着以美食为主题的谐音招牌，例如，"食全食美""小蹄大作""举个栗子"等。这些名字，颇有趣味，作为中国人，一看便知，自然是会心一笑了。所有这一切，都指明了一个现象，那就是，中国人自古就把美味纳入审美范畴，并把味觉视为一种独特的审美感官。

正因为如此，所以中国文化中，有许多用语是与美食密切相关的，或者说，日常生活中的许多用语其实就是美食上的用语。例如，情感深，一口闷；吃香的，喝辣的；吃不了，兜着走；吃一堑，长一智；吃大锅饭；吃青春饭；吃劳保；吃软饭；吃豆腐；秀色可餐；把蛋糕做大一点；人生五味；等等。另外，许多汉字的构成都直接或间接与饮食有关。例如，"福""和"等字就是典型的代表。"福"字中有"口"和"田"，而"和"由"禾"与"口"组成，都与吃饭有关。可见，中国人把"民以食为天"发挥到了极致，而且这种观念可谓源远流长。秦朝末期，鸿门宴上暗潮涌动；三国时期，青梅煮酒论英雄；宋太祖赵匡胤通过饭局来"杯酒释兵权"，以解决后顾之忧。《庄子》中描写的"含哺而熙，鼓腹而游"的洒脱状态，就是吃饱喝足而又悠闲自在的理想生活。这也一直被后世文人所津津乐道，无限向往。如今，美食在推动经济发展方面也具有不可低估的价值。小到一个地方，大到一条街，甚至是一个城市，要想快速发展，也应当考虑美食的助阵，因为，美食充满了烟火味，吸引了客流，激发了所在之地的生机和活力。

　　如果要进一步理解中国人对于美食的喜爱，不妨与西方人进行比较，这样更有说服力。众所周知，中西饮食文化存在着明显的差异。西方饮食往往注重其中的营养，而中国人则非常关注食物的口感。所以，中国人喜欢把食物称为美食，能够把有限的食物的价值发挥得淋漓尽致。相对于食物本身的利用价值，西方人更在乎其是否能满足身体体能的需求。他们对待食物，注重分析其中的成分和营养价值，而且对于美食也没有像中国那么多新颖别致的名称。还有，在具体的烹饪方面，中国的饮食习惯是五味调和，讲究色香味齐全，注重各种食材的搭配，然后以多种多样的烧法激活它们的功能。烧法包括煎、炸、煮、蒸、烧、烤、炒、炖、焖、煲、烩、烤、卤、腌、拌等，可谓五花八门、应有尽有。相反，西方的饮食模式要简单得多。

　　第三，中国艺术热衷于喜剧，与西方看重悲剧，迥然有别。西方人认为，悲剧比喜剧更具有震撼的力量，因为，他们认为，人生有罪，幸福就在彼岸。加尔德隆曾经这样说道："人的最大罪恶就是：他诞生了。"[①]情况在中国就颇为不同。因为，中国人认为，人来到世上，是莫大的幸事。所以，每有新生儿出生，全家人总是欢天喜地、喜气洋洋。

　　由于对日常生活中喜事的重视，中国人进而认为，喜剧比悲剧更热闹，更讨喜，所以，对于艺术，国人总是希望以大团圆结局。自古至今，代表国民精神的戏曲小说，无不带有乐天的色

---

① 叔本华：《作为意志和表象的世界》，石冲白译，北京：商务印书馆，1982年，第352页。

彩。尽管主人公在开头不免要经历一些磨难，但最终一定是美梦
成真。所以，"才子佳人相见欢，私定终身后花园。落难公子中状
元，奉旨完婚大团圆"的模式，反复出现于文艺作品之中，就是
明证。因为，我们国人相信，天理昭彰，善恶有报，所以，结尾
往往以喜剧收场。李泽厚在《中国古代思想史论》中说："中国人
很少真正彻底的悲观主义，他们总愿意乐观地眺望未来。……'天
道'或'天意'既是一种循环无端的客观运转，从而也就不大相
信能够随意主宰的人格神（宗教）。"①在中国人看来，天道循环，
吉星高照，好运一定会来临。所以，艺术就是要表达吉祥和欢喜。
李渔在《风筝误·释疑》中说："传奇原为消愁设，费尽杖头歌一
阕。何事将钱买哭声，反令变喜成悲咽？惟我填词不卖愁，一夫
不笑是吾忧。举世尽成弥勒佛，度人秃笔始堪投。"李渔深知中国
艺术创作的真谛。对此，王国维也有类似的观点。王国维在《〈红
楼梦〉评论》中说："吾国人之精神，世间的也，乐天的也，故
代表其精神之戏曲小说，无往而不着此乐天之色彩。始于悲者终
于欢，始于离者终于合，始于困者终于亨，非是而欲餍阅者之心
难矣。"②

　　值得一提的是，中国人对于喜剧的偏爱，还表现在中国人对
于喜剧的理解，与西方人并不完全相同。西方人的喜剧往往是漫
画式的，主要表现对小人、邪恶的嘲弄。所以，鲁迅说，喜剧是

---

① 李泽厚：《中国古代思想史论》，北京：人民出版社，1985年，第311页。
② 姚淦铭、王燕主编：《王国维全集》第一卷，北京：中国文史出版社，1997年，第10页。

将人生无价值的东西撕破给人看。康德在《论优美感和崇高感》中说："喜剧则表现了美妙的诡谲，令人惊奇的错乱和机巧（那是它自身会解开的），愚弄了自己的蠢人、小丑和可笑的角色。"①但是，中国人的喜剧不仅体现为讽刺和幽默，更在于表达对于幸福人生的向往。换言之，中国的喜剧就是幸运的代名词。

　　总之，中国是一个深怀乐感的民族，在日常生活之中，尽情地享受美食之乐，并把喜乐表现于艺术，体现出浓厚的喜剧色彩。所有这些，用一句话来表达，就是：到底人间欢乐多！

---

① 康德：《论优美感和崇高感》，何兆武译，北京：商务印书馆，2001年，第7页。

中国的祝福之语为什么如此之多？

中国的祝福之语丰富多彩，层出不穷，多如繁星，令人叹为观止。

众所周知，无论在平日里，还是逢年过节，我们随时都可以看到、听到丰富多样的祝福之语。特别是在春节时期，暖心的话语到处洋溢着祥和、喜庆的气氛。它们的形式也不拘一格，有结构独立式的，如，新春快乐、万事如意、吉星高照、五福临门、红运当头、喜事连连、步步高升、儿孙满堂、生意兴隆、恭喜发财、心想事成、合家欢乐、团团圆圆、喜气洋洋、家业兴旺、得偿所愿、花开富贵、五谷丰登、六畜兴旺，龙凤呈祥、吉祥如意、吉人天相、三阳开泰、风调雨顺、大富大贵、人寿年丰、天长地久，等等。也有结构对偶式的，如"所求皆如愿，所行化坦途""多喜乐，长安宁"，等等。此外，还有以春联形式出现的，如"人和家顺年年好，平安如意步步高""年年好运随春到，日日财源顺意来""喜居宝地千年旺，福照家门万事兴""爆竹声声除旧岁，红梅点点迎新春""吉祥门第春光好，幸福家庭喜事多"，等等。横批有：喜迎新春、万象更新、五福临门、出入平安、国泰民安，等等。

上面的祝福以各种方式出现，但最为庄重和喜庆的，还是要数红红的对联。一副对联，张贴在房前屋后，屋里屋外，红彤彤、喜洋洋，真让人激情澎湃、热血沸腾。此外，再配以香甜的美酒、红红的爆竹，以及喧天的锣鼓，更增添了节日的吉祥和欢快。

在我国，所有的那些吉祥之语，归根到底还是来自浓浓的亲情友爱。中国是一个重情的民族。钱穆在《孔子与论语》中说："在全部人生中，中国儒学思想，则更着重此心之'情感'部分，尤胜于其着重'理智'的部分。我们只能说，由理智来完成性情，不能说由性情来完成理智。'情'失于正，则流而为'欲'。中国儒家，极看重'情''欲'之分辨。人生应以'情'为主，但不能以'欲'为主。儒家论人生，主张节欲、寡欲，以至于无欲。但绝不许人寡情、绝情乃至于无情。"[①]钱穆认为，中国儒学思想以"情"为核心，这是十分有见地的。当然，深受儒学影响的整个中国文化，也体现了重情的特点。中华民族在长期家族式的居住环境中，彼此交往频繁，人情礼节较多，因此逐渐养成了与人为善、乐善好施的品格。而与人为善，不仅仅表现在行为上，也表现在言语上。古人常说："良言一句三冬暖，恶语伤人六月寒。"我们深知，要想结善缘，多鼓励多祝福，就是贵重的礼物，也是芬芳的玫瑰。所以，在交往中，吉祥的语言自然流淌于唇齿之间。节

---

① 钱穆：《孔子与论语》，台北：联经出版事业股份有限公司，1974年，第353页。

日里，更是以吉祥如意、温馨甜蜜的话语来增添喜庆，促进情谊。所以，美妙的言辞，汇成了欢乐海洋，变成了交响乐曲。

在日常生活之中，我们周围的长辈多，各种神仙也多。长辈有大伯、大叔，大舅、小舅，还有七大姑、八大姨，热闹非凡。神仙有菩萨、观音、玉帝、土地公公、门神、灶神爷、财神爷，也是丰富多彩，不胜枚举。这些长辈都是晚辈日常祝福的对象，也是晚辈依靠的港湾。神仙是我们祭拜的对象，也是企求保佑的对象。因此，有关的祝福自然也繁多。例如，对待长辈，有寿比南山、健康长寿、子孙满堂等妙语；祭拜神仙，有菩萨保佑、财神驾到、祖宗庇佑之类的希冀。

礼多人不怪，一直是我们的行为准则。李伯元在《官场现形记》第三十一回中说："横竖'礼多人不怪'，多作两个揖算得什么！"作揖尚且算不得什么，那祝福话语更是理所应当了。刘德华演唱的《恭喜发财》，真是唱到了我们国人的心坎上了："恭喜你发财，恭喜你精彩。……财运亨通住豪宅，大摇大摆。……礼多人不怪，祝大家笑口常开，用心把爱去灌溉，明天呀我们更厉害。……最好的请过来，不好的请走开，礼多人不怪……恭喜发财。"礼多待人，别人喜欢，其实自己也会因此而好运连连。简言之，一团和气好运来。

我国历史悠久，文人墨客为后人留下了大量的典故。这些典故有许多含有祝愿之意，或者其本身就是祝福之语。例如，鹏程万里，出自《庄子·逍遥游》："鹏之徙于南冥也，水击三千里，抟扶摇而上者九万里。"鸾凤和鸣,比喻夫妻和谐,出自《左传·庄公二十二年》:"是谓凤凰于飞,和鸣锵锵。"福禄万年、福禄长久,出自《诗经·小雅·鸳鸯》:"君子万年,福禄宜子。"

典故很多,自然可以信手拈来,而且,我们还可以临场发挥,把天地之间所有可喜可爱之事物,运用于表达喜庆、吉祥之意。例如,看到了鲜花,有"花开富贵";看到了月亮,有"团团圆圆",两者又组合成"花好月圆";看到了喜鹊,有"喜上眉梢";看到了红日,有"吉星高照";看到了粮食,有"五谷丰登";看到了牛羊,有"六畜兴旺";看到了梯子,有"步步高升";看到了春雨,有"风调雨顺";看到了长者,有"儿孙满堂";看到了团聚的场面,有"福如东海";看到了老人,有"寿比南山";看到了椿萱,以"椿萱并茂",赞美父母健康;看到了兰桂,以"兰桂齐芳",祝愿子女成才……节日的来临,意味着天地为之欢欣;好运的陪伴,感觉到花草为之鼓舞。当人心情愉悦之际,才真正是天人合一,心外无物,或者说是心即理,总之是山含情,水含笑,让人欢天喜地、手舞足蹈。

说到祝福,还得归功于中国文字所具有的独特魅力。因为,中文本身拥有无数的喜庆之词,而且灵活多变,多姿多彩,便于组合,这就为表述喜庆之情带来了许多便利。中文的使用,可以是一个字,也可以是两个字、三个字,七八个字,甚至是更多文字的组合。这些组合,不仅能够以文字排列式的单句出现,而且文句之间还能够两两配对,给人以独特的审美感受。此外,中文还可以采用谐音的方式来表达浓浓的情意。例如，在牛年，我们可以说：牛牛大顺、"嗨皮牛耶"、"牛年旺返"、牛转乾坤等。类似的还有很多，随时出现在我们的身边。所以，每当看到这些，我们总不免忍俊不禁，会心一笑。

中文博大精深，有着自己的独特魅力。中文更注重表达情感，而英语更注重说明意思。中文追求情感的丰富，而英语追求表达的准确。所以，英语表达非常讲究逻辑，不仅主语、谓语和宾语常常需要联手出场，而且顺序也比较固定。而中文则几乎不受逻辑的限制，因此，主语、谓语和宾语往往不必同时存在，有时颠倒文字的顺序，也不影响句子的完整性，而且意思还与原来一模一样。

所以，我们要为自己优美的母语而感到自豪和骄傲。

美丽的中国女孩

中国的女孩子是美丽的。

美丽，是因为她们长得标致好看。她们身材窈窕婀娜，眼睛水灵透亮，皮肤细腻光滑。受长期农耕文明的熏陶，以素食为主的饮食习惯，让她们不高不矮，不胖不瘦，所谓"增之一分则太长，减之一分则太短；著粉则太白，施朱则太赤；眉如翠羽，肌如白雪；腰如束素，齿如含贝；嫣然一笑，惑阳城，迷下蔡"（宋玉《登徒子好色赋》）。一言以蔽之，她们的长相，恰到好处。也就是说，她们的肤色、体型、身高、相貌、动作，可谓是完美的搭配，既有娴静的优雅，也有动态的优美。正因为如此，历史上无数的美女，走进了艺术作品、童话世界，留给后人深情的眷恋、无限的遐想。

美丽，是因为她们端庄文雅，柔情似水。几千年的文化基因，深植于她们的骨髓，所以，她们的言谈举止总是透露出特有的东方韵味，适合表演那种悠扬婉转的昆曲，也适合表演唯美典雅的越剧。无论是昆曲还是越剧，都长于抒情，优美动听，极富江南水乡之美，这与中国女性的气质、神韵完全吻合。所以，她们的演绎，能够做到如怨如慕、如泣如诉，从而扣人心弦、沁人肺腑。

美丽，是因为她们勤劳朴实、任劳任怨。众所周知，中国女性是世界上最勤劳朴实的女性之一。她们在家里，洗衣做饭、辅助丈夫、教育孩子。她们在外面，独当一面，可谓是职场上的能手。她们处处能够与男人平分秋色，与男性并肩携手，一同打拼，在各个领域表现出色，闪闪放光，在各自的岗位上大显身手，让人刮目相看。以排球、足球来看，中国男性在世界舞台上表现得相当平庸。但是，中国女性表现得相当出色，令人佩服。她们之所以能够大放光彩，还不是秀外慧中的体现吗？中国女足，是铿锵玫瑰，表现抢眼。中国女排，多次问鼎称霸，早已成为民族精神的象征。

美丽，是因为她们衣着漂亮。中华文明源远流长，其中，服饰也有深厚的文化底蕴。在长期的生产和生活之中，我们祖先设计出了非常美丽的服饰，既符合东方女性的身材，又大气时尚。其中，以旗袍最具代表性，它代表着五千年文明所塑造的代代相传的魅力。所以，当你眼见一个身着旗袍，撑着油纸伞的女子，走在细雨蒙蒙的小巷的时候，一定两眼生辉，也情不自禁地要感叹戴望舒的《雨巷》早已轻柔地戳到了你的心坎上。

美丽，是因为她们心地善良。中国人天性善良，而女性表现得更加突出。她们走遍千山万水，把爱心传播到世界各地。她们为贫困地区义务支教，为落后国家筹集物资。

所以说，中国女人是天使。在2020年新型冠状病毒最为肆虐的时期，众人谈虎色变，惶恐不安，而冲在最前面的医务工作者中不乏女性。她们的胆识令人敬佩，她们的行为可歌可泣！她们为家庭、为世界撑起了半边天，还以独特的眼光、灵巧的双手，装点了世界，使之花枝招展、春意盎然。

说到这里，不禁让人想到余光中《春天，遂想起》这首优美的诗歌。这首诗歌非常唯美，令人神往。"春天，遂想起江南，唐诗里的江南……苏小小的江南。……春天，遂想起遍地垂柳的江南，想起太湖滨一渔港，想起那么多的表妹，走在柳堤（我只能娶其中的一朵！）。"在江南，美女如云，自古至今，她们走出了唐诗宋词，她们走过了遍地垂柳的村庄，她们走进了烟雨蒙蒙的小巷，来来往往，令人眼花缭乱，目不暇接。这么多的花朵，盛开在身边，然而，遗憾的是，"我只能娶其中的一朵"。这种痴情与无奈，可谓跃然纸上。可见，深情款款的女子，令人动心，不能自已！

所以，如果有前生，我一定是唐代一位到都城南庄郊游的少年，满腹经纶、风度翩翩。在游玩中，我来到了一个村庄，向一位姑娘讨水喝。她年轻貌美，站在盛开的桃花树下，身子倚着大门，双手捧出一碗清澈的井水。当时，她的脸颊像桃花一样红润，美若天仙，使我目不转睛，失魂落魄。第二年，我又来到了这个村庄，并题诗一首。再后来，就流传出了千古的爱情佳话。

如果有来生，我一定再做一个男子。千万不要说我重男轻女，我只想再来一生，好好地欣赏中国的女子。我最好仍然生在江南，在江南烟雨蒙蒙的季节，来到美丽的小村庄，遇到了一位美丽的姑娘，留下美丽的传说。

当然，生活在今天，我也很满意，我庆幸自己生活在江南。有时，我赤脚走在田野上，观察劳动的姑娘，体验劳动者的自得；有时，我高兴地站在讲台上，讲授心爱的美学，品味着学生宁静的眼神；有时，我还漫步在大街小巷，欣赏来往的女子，感受生活的快乐，领略人间四月天。总之，每天都可以尽情地欣赏，赞美美女如云的国家。在赞美之中，在毫无杂念的欣赏之中，获得无尽的愉悦感，体验无穷的幸福！

美女之美

西方人执着于脱衣来展示自身的美，这在相当多的中国人看来，简直不可理喻，有伤风化。绝大多数中国人，尤其是女性，穿衣还是相当谨慎，常常是裹得严严实实的。也许，有一些人认为，中国人的做法太封建、太保守。殊不知，这种审美观念，也与我们的长相密切相关。抛开道德来说，且不说审美情趣孰是孰非，中国的女孩，天生丽质，根本不必脱掉内衣，袒胸露乳，就可以惊艳四方。所以，自古至今，中国人并不热衷于欣赏形形色色的裸体美女。中国人一直就秉承着羞涩、含蓄之美的传统，而那些裸体之美自然难登大雅之堂。另外，西方人更重外表、形式，而中国人更重内涵、神韵。可见，无论是身材容貌，还是思想观念，中国女孩根本就不必脱衣服，她们的美色也照样掩饰不了。叶绍翁《游园不值》所说的"满园春色关不住，一枝红杏出墙来"，最能说明这个道理。这就是说，美，不是脱衣服脱出来的，而是由内而外自然而然地散发出来的。白居易《长恨歌》所说的"雪肤花貌""回眸一笑"之美，岂是脱衣脱出来的？当然不是，那种天生丽质，是怎么也掩饰不住的。所以，能够脱的，只是可见之美；而不能够脱的，是可见与不可见之美。试问，气质和风韵，能够脱出来吗？姑娘们的细腰、大眼，还有樱桃小嘴，飘飘长发，是脱衣形成的吗？风姿绰约、风韵犹存，是脱衣换来的吗？沉鱼落雁、闭月羞花，是脱衣造就的吗？所以说，美是从内而外的闪光。真正的美，在千姿百态之间，在一颦一笑之中。所以，对于美，不要仅仅专注于人体的表面，而要对全身进行整体的欣赏，当然，这也需要我们调动全身的感官来进行综合性的感知与体验。因为，我们身体的任何机能都可以参与美感的形成过程中，正如桑塔耶纳在《美感》中说："人体一切机能都对美感有贡献。"①

正因为美女之美在于千姿百态，所以前人有"粗头乱服，不掩国色"之喻。王国维在《人间词话》中说："飞卿之词，严妆佳也；端己之词，淡妆佳也；重光之词，粗头乱服而已，然粗头乱服，不掩国色。"王国维此处以人喻词，但是，反过来说，这何尝不是以词喻人呢？类似的表达方式，周济也曾用之于论词。周济在《介存斋论词杂著》中说："毛嫱、西施，天下美妇人也，严妆佳，淡妆亦佳，粗服乱头不掩国色。飞卿，严妆也；端己，淡妆也；后主，则粗服乱头矣。"好一个"不掩国色"，这说明她们的美，衣服怎么也遮掩不了，更何况她们还能够回眸一笑百媚生。

其实，如果从身体美学的角度来看，各部位之中，最为动人

---

① 桑塔耶纳：《美感》，缪珠译，北京：中国社会科学出版社，1982年，第36页。

的还是眼睛。我们欣赏美人，如果非要专注于其身体，还是得欣赏她的眼睛。众所周知，许多美女的眼睛会说话，当她们扑闪着明眸的时候，或者当她们的眼泪簌簌掉落的时候，往往让人情不自禁，这时的妙处可谓是"此时无声胜有声"。《北方有佳人》中的佳人是"一顾倾人城，再顾倾人国"，美就美在她的眼睛；《达坂城的姑娘》中的姑娘，也是"两个眼睛真漂亮"，还有歌曲《姑娘我爱你》中的姑娘，也是"黑黑的眼睛"惹人爱。当然，我们最为熟悉的，还是王洛宾创作的新疆民歌《在那遥远的地方》所写的姑娘。

在那遥远的地方，
有位好姑娘。
人们走过了她的帐房，
都要回头留恋地张望。
她那粉红的笑脸，
好像红太阳；
她那美丽动人的眼睛，
好像晚上明媚的月亮。
我愿抛弃了财产，
跟她去放羊，
每天看着她动人的眼睛，
和那美丽金边的衣裳。
我愿做一只小羊，

坐在她身旁，

我愿她拿着细细的皮鞭，

不断轻轻地打在我身上。

歌词中写道，人们走过她的帐房，总是留恋地张望，张望她的明亮眼睛、嫣红的脸蛋和那美丽的衣裳。这样的欣赏，让人回味无穷，另外，从一个欣赏者来看，与其运用自己的外在感官，还不如运用内在感官。外在感官容易让人产生厌倦情绪，而内在感官可以带来更大的想象、更久的愉悦感。

事实上，在现实之中，我们也曾领略过美女嫣然一笑的美好、秋波荡漾的迷人，以及红盖头下仅仅露出的一双玉手如何让人神魂颠倒。

戈蒂叶在《莫般小姐》序言中说："为了看到一幅拉斐尔的真迹裸体美女，我会十分乐意地放弃我作为法国人和公民的权利。"①戈蒂叶的这种观点只能代表西方人的审美趣味。这在中国，是难以广为接受的。因为，中国人的饮食、习俗、气候等诸多因素，铸就了我们女性优美的体型，穿上精美的衣裳，展示天然的婀娜多姿、风采神韵。再者，从心理学的角度来说，柔美的神情，而不是裸露的身体，更容易引起别人的爱怜。唐玄宗痴迷杨贵妃，把她称为"解语花"，其原因就在于这里。李白《清平调》中的"云想衣裳花想容"也说明了这一点。另外，从欣赏者来说，中国

---

① 伍蠡甫主编：《西方古今文论选》，上海：复旦大学出版社，1984年，第226页。

人更喜欢女孩的端庄、文雅，而不是豪迈、奔放。

　　总之，中国人以秋波来打动人心，西方人以裸体来引人注目。个中原因，不仅是长相，更是文化所造成的审美差异吧。

艺术的门槛从未降低

如今，网红大行其道，而歌唱家却难以成长。这就是说，要成为网红可谓轻而易举，但要成为歌唱家却难之又难。一部分网红主要靠脸蛋或各种奇特的行为和事件而被人关注，而歌唱家主要靠才能而引人注目。网红可以靠大众的审美或审丑而出名，但歌唱家则必须通过出众的表演而赢得观众的喜爱。可是，在如今普遍追求娱乐至上的年代，成就歌唱家的土壤越来越贫瘠。

原因何在？最直接地说，是因为没有上乘的词作，也很难有优秀的配乐，而且现在几乎歌唱者也往往缺少应有的艺术素养和生活激情。没有上乘的音乐作品，没有演唱者的激情，很难培养出符合大众审美的歌唱家。而且，要抓住观众的心理也并非易事。如果自己没有扎实的功底，想让观众一心一意地喜爱，也是一种奢望吗。

20世纪90年代以前，我经常能够听到一些令人百听不厌的歌曲。这些歌曲，其词作本身就是一首诗，配乐也旋律优美、悦耳动听，歌唱家往往可以凭借这些歌曲，抒发自己最为真挚的情怀，从而给听众带来艺术的享受。这样的佳作，一直回荡在我的心里。郭兰英的《我的祖国》、李谷一的《乡恋》、蒋大为的《牡丹之歌》、马玉涛的《马儿啊你慢些走》、于淑珍的《我爱你，中国》，等等，都是经久不衰的经典歌曲，这些歌唱家也因此而深受全国人民的尊重和喜爱。

21世纪以来，我们追求通俗化、大众化，让艺术在某些时候成了一种商品。艺术失去了其光晕和神秘感，我们对此也司空见惯，因此，凑热闹、赶时髦成为一种普遍的现象。而且，我们周围很多人都忙着自导自演，录制视频，希望自己也能够在各个网站上出彩。所以，无论翻唱前辈的歌曲，还是自己原创的新作，都少有反复打磨、千锤百炼了。虽然如此，但艺术的门槛从未降低过，现今想成为歌唱家越来越难。

近些年来，现代化已经让我们可以舒舒服服、平平稳稳地过上衣食无忧的生活。但平庸也因此弥漫开来了，把我们裹得紧紧的。我们在现代化的道路上正快马加鞭，但在这条单向度的道路上，我们也变成了单向度的人了。用存在主义的话来说，我们通过理智、理性操控了存在者，而存在者也整日里操控着我们。手机、电脑、轿车等，成为我们的朋友，也成为霸主。我们牢记了各种各样的存在者，但却忽视，甚至遗忘了曾经的存在。换言之，我们缺少对于生活的深入理解和真切体验。创作者不曾身临其境地感悟，怎么会有"状难写之景如在目前，含不尽之意见于言外"的佳作？

　　想当年，我们能够舒心地走在乡间的小道上，或肆意穿梭于田野之间，呼吸新鲜的空气，洗眼洗肺又洗心，并全身心地体会自然的生机，与自然万物融为了一体。我们的生命节律，与自然万物的节律，相互感应，和谐统一。我们以自己的心灵感知自然、感受美好，从而获得身心一体的自由自在感。也正是在这样的美好存在中，我们的心灵会产生各种激情和爱恋，于是，常常能够情不自禁地手舞足蹈，而心中的歌儿也能在灵感的激发下，脱口而出。

　　事实上，任何艺术都是情感的表现，饱含美的内涵。但是，目前，艺术之美，不再像以往那么受到重视。为了博得眼球、赢得点击量，大家都各显身手，哪管他美与丑、好与坏，只要有流量、票房收入，就是成功。于是，陆游在《明日复理梦中作》所说的"客从谢事归时散，诗到无人爱处工"的情趣，似乎恍如隔世，不可理解。因为，现在的诗人关心的并非自己的作品勿须受人喜爱的问题，而是怎样迎合观众，使他们喜爱的问题。假如陆游活到今天，他一定会大惊失色，无以言表了。但不管怎样，如果我们还希望回到从前，重温悠闲的好处，慢慢地爱一个人，慢慢地欣赏一处美景，慢慢地读一本书，慢慢地享受生活。毕竟，不是我们的智商不能达到前人的高度，而是所处的环境无法造就那样的时代歌手。因为，我们的功利心太强烈了，还没有认真领悟艺术，就想到了怎么出名。所以，要想成为优秀那样的歌唱家，还是得宁心静气地去工作、去体悟，让美好的生活激荡我们的心灵。这样，优秀的作品就会不期然地喷薄而出。理解了这一点，我们就能更加体会古人的智慧，以及在艺术方面的真知灼见。这也正如刘熙载在《艺概·书概》中所说："书非使人爱之为难，而不求人爱之为难。盖有欲无欲，书之所以别人天也。"书法是这样，歌曲也是这样。使人喜爱并不难，难就难在不去迎合别人。这是艺术家有欲与无欲的区别所在，也是艺术天壤之别的原因之所在。

现在的流行歌曲虽然也受到了一些年轻人的追捧，但质量还有待进一步提高。因为，我们不仅需要流行，更需要高雅，以高雅来提升大众的审美趣味。试问，我们富裕了，难道就不需要歌唱家了吗？当然不是。不仅需要，而且非常需要。因为，歌唱家可以给人生带来更多美的享受，更多激情和憧憬，使我们的生活更加多姿多彩、五彩斑斓。

总之，艺术的门槛从未降低，优秀的音乐作品的出现，往往同时具备以下条件：饱含激情的词曲作品、演唱者深厚的功力，以及广大热爱艺术的听众。让我们共同努力，为歌唱家的成长营造良好的社会环境吧，使他们如雨后春笋般涌现出来。

审美力与审美判断力

中西美学思想存在着不少差异。在审美活动中，西方重理性，而中国重直觉。西方重认识，而中国重体验。大致而言，西方美学属于认识性美学，而中国美学属于体验性美学。相应地，在美学范畴的使用上，如果西方人倾向用"审美判断力"的话，中国人则倾向用"审美力"。不同的范畴体现了中西审美的不同特性。西方人在审美中，讲究判断，往往以知识为依据，以逻辑为线索。所以，康德在《判断力批判》中有"审美判断力"之概念。中国人在审美中，讲究鉴赏，往往以情感为纽带，以感悟为旨归。所以，牟宗三的《以合目的性之原则为审美判断力之超越的原则之疑窦与商榷》中有"审美力"（鉴赏力）之范畴。①

作为西方美学代表的康德，其不少美学观点在中国审美活动中，龃龉难通。所以，牟宗三决心以自己提出的审美力替换康德的审美判断力，想借此消化、超越康德的美学思想。牟宗三在翻译《判断力批判》时说，自己在梳理康德美学思想之后，针对康

① 余群：《牟宗三"审美力"范畴蠡测》，《哲学与文化》2020年第8期。

德真善美的分别说，提出了真善美的合一说，达到了即真即善即美的化境，从而"已消化了康德，且已超越了康德，而为康德所不及"①。在牟宗三看来，对于我国"化境"内涵的审美，依靠的是审美力，而不是审美判断力。可见，以"审美力"替代审美判断力，意味着削弱了康德美学中的知性、概念等因素，增加了天心、智的直觉、妙慧、妙感及品鉴等内涵，从而具有了鲜明的中国特色。这就是"由知转慧"的思路，即由西方的知性转为中国的智慧。这种转化称为"由智化境"也可以，那就意味着把中国的智慧表现为既感性又理性的真善美合一的化境。不言而喻，这种思路具有非常重要的积极意义。

众所周知，审美判断力是西方理性主义的产物。但是，在中国人看来，审美不必判断，讲审美力即可。牟宗三就是这种理论的代表，他还给审美力赋予了深刻的意义。在他看来，审美力就是审美的能力，是妙感妙慧，不需要审美判断力。审美即是兴会、直觉，因此，中国文人历来都主张创作时寓目即书，并认为"诗有别材，非关书也；诗有别趣，非关理也"。其实，中国人之所以更注重直觉，原因是多方面的，其中有一点无可争议，那就是，汉字对于中国人思维的影响不可忽视。研究表明，中国儿童的智商普遍比欧美国家的同龄人更高一些，其原因之一就是汉字在美育方面发挥了重要作用。因为，英语只是音与义的结合，但汉字则是形、音、义三位一体的。也就是说，汉字比英语多了一个形

---

① 牟宗三：《康德：判断力之批判》，西安：西北大学出版社，2008年，第4页。

象性、图像性的优势。而形象、图像是感性的、直观的，比声音更容易理解和记忆。例如，日与月两个汉字，由于其字形与天上的日与月相联系，所以，很容易给人留下深刻的印象，并激发丰富的想象。而 sun（日）与 moon（月）两个英语单词，只有发音的区别，两者与其表达的事物，在外形上都没有任何联系，因而很难让人理解和记忆，当然也不太容易激发想象力。所以，汉字在增强直觉，开发智力上，显然要更优。

其实，康德之所以把审美也定为判断，既是西方传统文化的体现，也是因为他的《纯粹理性批判》和《实践理性批判》都讲判断，所以，《判断力批判》也讲判断。也就是说，理论理性、实践理性和审美，都是基于判断的社会活动。而康德之所以提出审美判断力，是因为他想为审美找到普遍的原则，可以放之四海而皆准。而要有普遍的原则，就应当有概念。有概念，当然需要判断了。康德认为，审美判断与概念有关，但又不能通过概念来证明。而牟宗三认为，审美与概念没有必然的联系，因为，审美是一种直觉性的鉴赏，既无需普遍的原则，也不必有审美的共通感。

审美虽然无法完全排斥判断，但审美不需要判断，就能使我们的心中产生一种愉悦感。所以，把审美视为一种判断，有以偏概全之嫌。康德的《判断力批判》把审美定为一种反思判断力，实际上认为审美就是一种理性。但是，审美很多时候并不需要理性，只要有感性就足矣。我们都知道，审美情感包括感知、想象、情感、体验和理解五个方面。这五个方面虽然总是联系在一起的，但它们也有各自的独立性。就感知而言，它也能够体验到美感。换言之，审美在感知阶段，也是成立的。另外，就算是在理解阶段，也不一定非要理性不可。古人常说的妙悟，即为理解，但这种理解就是一种不必伴随理性的直觉。

所以说，审美虽然与判断有密切的关联，但也可以省略判断这一个环节，因为，美不是科学的活动，仅仅凭借直觉即可，而不必下判断。朱光潜在《谈美》中说："艺术的欣赏大半是情感的而不是理智的。在觉得一件事物美时，我们纯凭直觉，并不是在下判断，如康德所说的。"[①]事实上，我们在生活之中也都有这个体会，面对一朵鲜花，完全可以不假思索地欣赏其颜色、形状、大小等各方面所展现的美。同样，听到一首乐曲，看到一段舞姿，品尝到一种美食，我们都会产生一种美妙的体验。这种体验，是瞬间产生的，而且也没有判断的因素。我们常说，每个人都有美感的天赋，就像有良知的天赋一样，这些天赋让我们以迅雷不及掩耳之势体验到美感，感受到色彩斑斓的世界。所以，只要我们承认人世间的美感天赋，就不得不认可审美的直觉性、普遍性。天赋之能，岂需要判断？如果只是判断，何来天赋之能？这就好像恻隐之心一样，见到小孩摔倒，我们会不假思索地要把他扶起来。其实，按照审美天赋与审美判断之间的辩证关系来看，康德的理论存在着自相矛盾的问题。因为，康德一方面肯定审美的天赋才能，另一方面又如此强调审美的判断性，这就有点自相矛盾

---

① 朱光潜：《朱光潜全集》第2卷，合肥：安徽教育出版社，1987年，第43页。

了。相反，我国的传统观念认为美感是天赋，这种天赋赋予我们审美的妙悟之能。所以，古人虽然并不否定审美的理性与判断，但更加重视审美的直观性、直觉性。

总之，从审美力与审美判断力的使用来看，西方人的美学是理性前提下的哲学美学，而中国的美学是具有感性特征的文艺美学。所以，美学要走向世界，就应当做到哲学与文艺的融合。换言之，作为哲学与文艺学的交叉学科，美学的教学要"合'情'合'理'"。因为，哲学在于说"理"，而文艺学在于表"情"。只有把两者有机结合，才能做到妙趣横生，引人入胜。美学是哲学的一个分支，具有丰富的哲学意涵，应当探讨人生的真谛。由于要"合情"，所以教学应当以学生为中心，以情动人、以情感人，从而塑造学生的人格。而要"合理"，就应当以问题为导向，引导学生进行深入的理论研究，从而获得深刻的启迪。当然，"合情"与"合理"要有机地融合，这就意味着教师在教学实践中，要做到化难为易，以感性的方式把抽象的道理表述得清清楚楚、明明白白。这也就是深入浅出的道理，"深入"，是因为认真阅读了经典；"浅出"则表明对经典有了深刻的理解。事实上，通过我几年的教学实践，这种教学理念行之有效，同学们不仅喜爱美学，而且还深刻地体验到审美的愉悦，获得了人生的感悟。

我们不用"脚"走路

有使命、有担当然是值得肯定的，"天道酬勤"也体现了这一点。所以，我们以积极的态度去工作和生活，是顺理成章的事情。但是，如果我们把工作变成了折腾，这就应当好好反思了。对此，我们不妨以孙悟空为例来说明问题。孙悟空有使命，也有担当，他的种种能力，都是用来扫除各种障碍，以保护唐僧获取真经的。在这方面，我们应当向他学习。事实上，我们现在的许多发明创造，就是希望把普通人变得像孙悟空一样神通广大。但是，我们这样拼命地追逐科技之时，却发现自己走得太快、太远了，已经在一定程度上变成了累赘。

众所周知，孙悟空可以不用脚走路，一个筋斗云，十万八千里，甚至还能呼风唤雨，有七十二般变化。但是，他在《西游记》里是任务最重、工作最累的角色。他的顺风耳、千里眼、火眼金睛等特异功能，主要不是用来享受生活的，而是用来努力工作的。相反，猪八戒的工作更轻松，享受得也最多。我们似乎只在乎有用之用，却不知无用之用。《庄子·列御寇》曰："巧者劳而知者忧，无能者无所求，饱食而遨游，泛若不系之舟，虚而遨游者也。"①庄子告诫我们不要太智巧，否则反而会更辛劳。在现代社会，巧者劳，而智者忧，不幸被庄子言中了。其实，这种辛苦并不一定是个人自愿的，很有可能是被无情地卷入了时代发展的漩涡之中。如今，我们每个人都拼命地发挥自己的才智，想方设法地利用各种机械手段来推动工作。然而，事情并非如此简单，也许会事与愿违。对此，我们的圣贤有言在先。《老子》曰："塞其兑，闭其门，终身不勤；开其兑，济其事，终身不救。"老子认为，堵塞沟通知识的渠道，关闭传递精神的门户，一辈子也不会太劳累；反之，打开沟通知识的渠道，完成要做的事情，那么，一辈子也就无可救药了。

现如今，我们不想用脚走路，就用汽车来代劳。但是，汽车只能缓解步行的劳苦，却不能解决奔波的劳苦。也许汽车越多，我们的工作任务就越繁重，因而奔波也就越来越多了。所谓"终日奔波苦，一刻不得闲"就是这个道理。再者，汽车越多，我们的工作单位可能离家就越远，所以，为了上班每天花两三个小时来回折腾的城里人也逐渐增多。又如，我们不想用手写字，就用电脑来打字。而电脑越多，我们的文案要求也就越高。换言之，电脑只能缓解手写的劳苦，却不能解决写字的劳苦。另外，当大家关注工作效率之后，管理也就变得越来越严格了。这样一来，上班打卡就无法避免，这固然提高了效率，但在某种程度上也会

①　郭庆藩：《庄子集释》，王孝鱼点校，北京：中华书局，1961年，第1040页。

束缚住人。还有，当大家都注重便利之后，机器就会大行其道，给手工劳动者造成巨大的就业压力。所以，我们不能孤立地思考问题，总以为设计一台机器就可以解决一切问题。我们是否想到，机器给就业带来了多少挑战？举例来说，一个公司原来需要100人，现在由于有了机器，可能只需要30人。那么，剩下的70人就要另谋生路，而这又谈何容易？而那在岗的30人，难道就不会压力增加、忧心忡忡吗？他们好不容易留下来，就不用担心自己将来又何去何从吗？因此，当我们欢呼快递运送、手机转账、人工智能的便捷之时，可曾想到，有多少实体商店正在受到前所未有的冲击？

　　总而言之，机械可以减少劳作的辛苦，但不会减少折腾的辛苦。而人类的折腾，可能因为机械的出现，会越来越频繁。可以这么说，减少一种折腾，也许可以抵得上好几种技术创新。所以，与其技术创新，还不如减少无谓的折腾。《老子》说，"治大国，若烹小鲜"，这告诉我们，处理问题要多做减法，而不是加法。因为，大道至简才是追求幸福的根本和宗旨，这对于工作和生活来说，仍然是一个不变的真理。

　　常言说，"磨刀不误砍柴工"，这话放在以前，当然无可挑剔，但是，拿到今天来思考，却未必尽然，因为，我们现在似乎只知道速度，而不知道其他。试想，如果在整个社会中，每人都在磨刀、每天都在磨刀，而柴火却无人问津，这不是悖论吗？可如今，似乎某些人已经掉进了这个泥坑，而不能自拔，不是吗？我们曾经嘲笑父辈不会使用电脑和手机,但是,我们的下一代也许也要嘲笑我们不会使用各种软件了。而他们难道不也会像我们一样,在新生事物之前,束手无策,从而变成他们下一代眼中的老古董吗?

这样想来,一个有趣的现象出现了。以前我们多手工操作,做每一件事情虽然都要花费很多时间,但整体事情却相当少,所以,大家也就非常悠闲自在。现在有了各种科技手段,我们做每一件事情所花费的时间虽然少了很多,但事情无限地增多了,让人眼花缭乱。以前一天大约要做10件事,每件花费10分钟。而现在一天大约要做50件事,每件花费3分钟。如此推算,我们用于工作的时间不但不比以前少,反而比以前多了很多。这种令人哭笑不得的现状,我们不但没有注意,反而心安理得,还津津乐道地说,现在方便了。是的,现在是方便了,但问题复杂了。《道德经》所说的"小国寡民,使有什伯之器而不用",不是可以给我们深刻的生活启迪吗?

我们一直在贪图方便,所以,发明了各种机械。如今,我们不用脚走路,用汽车走路;我们不用耳朵听、不用眼睛看,用手机听、用手机看。坐着的时候,以手机为伴;行动的时候,以汽车为伍。平时,我们不用太阳照明,不用太阳取暖,用电灯照明,用电能取暖。发明创造改变了我们的一切,也控制了我们的一切。我们似乎每天都可以大范围地穿梭于城市之间,或者地区之间,但其实空间仍然那么窄小,因为一直在汽车里,所以空间并没有变大。

　　我们为了所谓的自由自在、无拘无束，远离了家乡和朋友，住进了小小的空间。我们是方便了、快捷了，却远离了祖祖辈辈赖以生存的土地。我们疏离了太阳、疏远了地球，不再需要打着赤脚走在乡间的小道上，不再需要挥汗如雨地在田间劳作，我们可以涂脂抹粉、西装革履地行走在水泥大街上，容身于霓虹闪烁的繁华都市之中。我们似乎成了实实在在的存在者，忘记了曾经美好的存在，不知道季节的变幻，不知道万物的欣欣向荣。

　　我们匆匆忙忙地追赶，追求技术，追求发展，以为一切的美好和幸福就在其中，却突然发现，现实并非那么理想。其实，我们只关心追赶，却忘记了生活过程中的享受。因为，美好和幸福就在大地上，就在天地人神共存的世界里，而我们却没有时间顾及身边一直存在着的美丽风景，更没有时间细细地打量和感受，也没有时间静静地品味和欣赏。

　　一切都是现代化的，扫地有扫地机器人，洗碗有洗碗机，诸如此类。不错，我们的双手是空闲出来了，但是却又用来从事另外一种工作，那就是不停地敲打着电脑键盘。我们每天对着电脑打字，以此来工作。大家以为这是方便，却不知这是作茧自缚而已。我们不用脚走路，却无情地发现，空出来的双手必须常常紧握方向盘，向前飞奔。久而久之，颈椎病、腰椎病也悄悄地来临了。另外，大家为了贪图快捷，利用机械，自己动手，很少需要相互依靠、相互扶持了。因此，彼此都独立起来，初期还感觉新鲜，但是，时间一长，在无人交流的环境中，孤独、抑郁之类的心理问题也随之而来。

我们通过机器确实实现了拥有千里眼、顺风耳的愿望，也因此扩大了接触面。但是，当我们扩大接触面的时候，也就意味着包裹我们的事物反而越来越多了。也就是说，世界会从不同的方向向着我们紧紧地包围过来。毕竟，万事万物都相生相克，你给世界多少力量，世界就会反弹多少力量给你。你需要越多，压力自然就越大。所以，在我们拼命追赶之际，再想简单也就为时已晚了。如今，你纵使有三头六臂，也很难应付知识的迅猛增长、欲望的快速膨胀。

你不用脚走路，必然要划出更多的地盘给汽车。你不用脚走路，就得面对一眼望不到头的汽车长龙，这就是现实。而且，在移动的"沙发"里，冬日暖阳似乎是一种奢侈品，青山绿水、新鲜空气，还有那悠悠乡愁，好像也都若即若离、遥不可及。

生活本来是简单才会快乐，可是，现在我们却把生活搞得越来越复杂，这不值得反思吗？所以，希望每一个人都能够让自己找到真正快乐的工作，可以步行上下班，能够充分地发挥自己的特长，收入也不错。闲暇时间，可以随时见到父母亲友，并经常围在一起，促膝谈心。总之，生活是悠闲自在，称心如意。借用古人的话来说，就是："人间有味是清欢！"

清风朗月不用一钱买

　　冬天，我们站在太阳底下，尽情地享受日光浴，那种全身心的舒服，岂是电暖器所能够提供的？金色阳光照射的校园，岂是灯光所能营造的情境？其实，一切美好的事物，都可以在自然之中找到。曾子所说的"浴乎沂，风乎舞雩，咏而归"，以及庄子所说的"天地之美，神明之容"，都让我们感到身临其境，眼睛发亮，但是，这些景象，就算我们穷尽想象、语言，也难以描述其中的幸福与美好。也就是说，自然有大美大贵，不是人类能够造就的。

　　可见，花了高价购买的东西也不一定贵重，而不花一分钱得来的东西也不一定就毫无价值。

　　电暖器和冬日暖阳相比，哪个更值钱？灯光和阳光相比，哪个更贵重？其实，我们难以定论。也许你会说，把这两样东西放在一起比较，没有什么意义。其实，把它们相提并论也并非毫无道理。因为，金钱是有价的，但是，自然是无价的。所以，对于自然，我们要常怀敬畏之心、珍爱之情。

可是，有些人认为，不开汽车来单位上班就没有面子，或者说没有汽车，就无法显示自己的身份。其实，现实生活之中，有许多人安步当车，或者骑自行车来上班，也自得其乐。

当然，我们也知道，之所以有人以汽车来衡量自己的生活状况，就是因为他们把花钱购买的东西当作富裕的象征。其实，这种观念也值得商榷。例如，一个人守着农田，就一定比开工厂的人贫困吗？这不一定。因为，这要看你从哪个角度来比较。

守着农田，确实赚不到多少现金，但田野中那无尽的风光，不值钱吗？他可以随时随地地欣赏，而不必驾车几个小时，一路颠簸去凑个热闹。相反，每天守着工厂，却要忍受混浊的空气和污染的环境。

现代人住进了终日不见阳光的楼房，躲进没有风雨的写字楼，这样确实是舒适，但是，这样对身体就有好处吗？农村人几乎每天都要经历风雨的洗礼，他们不免要受点苦，但是却可以自由自在地享受冬日暖阳的爱抚、春日细雨的滋润。而"水泥森林"里的人，如果希望享受冬日暖阳、春日细雨，却是一个奢侈的愿望。特别是冬天，城里人几乎享受不到暖阳，到处是高楼，把阳光挡在了遥不可及的地方，所以只能望"阳"兴叹。这时，禁不住要无限向往和羡慕起农村人站在墙根底下一边晒着太阳，一边拉着家常的幸福了。

前不久网上流传的小学生作文《低调》，看后不禁让人哑然一笑。此文风趣地说："做人要低调。我住在40多亿年的地球，晒着

50多亿年的太阳，……你见我炫耀了？我膨胀了吗？我骄傲了吗？没有！！！对了，晚上还看着130亿年的宇宙。"

这篇小学生作文，虽然可能是成年人假托的游戏之作，但也说明了一个深刻的道理：自然万物才是我们最值钱的资源和资本。

这样的思想，早在唐代诗人李白那里就已经表达得非常通俗易懂了。可是，我们却不曾留心。李白在《杂歌谣辞·襄阳歌》中说："清风朗月不用一钱买，玉山自倒非人推。"这话说得多么深刻啊。

清新的空气、清澈的湖水，蓝天白云在天上飘动，这就是最好的财富。

以前，江南水乡的人往往都有这么一段美好的经历。那时，河水弯弯曲曲，穿街过巷，流过自家门口，干干净净，没有污染。大家每天就地取水，洗衣做饭。一切都那么自然、那么和谐。然而，随着工业化的推进，高楼大厦平地起，河水让路，河道填平，每家每户都用上了统一供应的自来水。这当然可以大快人心，但是也存在着不小的问题。因为，自来水带来方便的同时，往日的清清河水却消失在了我们的记忆之中。

如今，当我们又要回过头来，花钱购买以前免费的井水的时候，是否感叹早知如此，何必当初？因为，自然、平淡才是真，才是乐。古人这方面的智慧，值得我们深思。西晋著名文学家左思在《招隐》中写道："何必丝与竹，山水有清音。"宋朝无门慧开禅师的偈诗《平常心是道》曰："春有百花秋有月，夏有凉风冬有雪。若无闲事挂心头,便是人间好时节。"

所以,住在农村的人,贫穷吗?说是贫穷,却可以随时饮用无价的井水,呼吸纯净的空气,与大自然保持了最亲近的距离,这是城里人无可比拟的。虽然城市人也能呼吸空气,饮用矿泉水,但总是感觉隔了一层。这一层工业化的物质,确实也值钱,但一定比原生态的自然更有价值吗?

生活在城市里的人,富裕吗?说是富裕,但也仅仅有一套或几套可以估价的房产而已。

"清风朗月不用一钱买",自然的美景,不必花一分钱,可是它们又岂是我们那么一点点的存款能够购买得起的?难怪古人会说,"玉山自倒非人推"。就是说,面对美景,禁不住要醉倒了。他们所见到的美景,万紫千红,莺歌燕舞,城里人似乎难以经历和体验到。

把自然还给自然,同时,物尽其用、地尽其利,这就是幸福,这就是财富。何必一门心思老想着使用五花八门、多此一举的东西呢?自然让我们陶醉,我们也应当顺着自然的规律生活,尽享自然。《黄帝内经·素问》曰:"上古之人,其知道者,法于阴阳,和于术数,食饮有节,起居有常,不妄作劳,故能形与神俱,而尽终其天年。"[①]上古之人,深谙天道。他们效法阴阳,顺应养生的法则,饮食有节制,起居有常,不过分地劳作,所以能够保持自己的身形与精神,从而尽情地享受自然。《淮南子·天文训》曰:

---

① 姚春鹏译注:《黄帝内经》,北京:中华书局,2010年,第17页。

"天地以设，分而为阴阳。阳生于阴，阴生于阳，阴阳相错，四维乃通，或死或生，万物乃成。岐行喙息，莫贵于人。孔窍肢体，皆通于天。天有九重，人亦有九窍。天有四时，以制十二月；人亦有四肢，以使十二节。天有十二月，以制三百六十日；人亦有十二肢，以使三百六十节。故举事而不顺天者，逆其生者也。"[①]这就是说，天地设立以来，分而为阴阳。阴生于阳，阳生于阴。阴阳相互交错，天地四维才会贯通。有生有死，万物才能形成。用脚行走或用嘴呼吸的动物中，以人最为尊贵。而人身上的孔穴和肢体，都与天相通。天有九重，人有九窍。天有四时以控制十二个月，人有四肢以支配十二个关节；天有十二月以控制三百六十日，人有十二条经脉以控制三百六十个骨节。所以，办事要顺应天道，否则就违背了生命的原则。

放弃暖阳，对着空调吹暖气，值得吗？错过春天，躲进空旷的高楼，快活吗？你若是不信，我们可以通过古今一些诗词来领悟其中的奥妙。

《渭川田家》曰："斜阳照墟落，穷巷牛羊归。野老念牧童，倚杖候荆扉。雉雊麦苗秀，蚕眠桑叶稀。田夫荷锄至，相见语依依。即此羡闲逸，怅然吟式微。"王维为我们描绘了一幅美丽的田园生活画卷，温馨和谐，令人向往。

《清平乐·村居》曰："茅檐低小，溪上青青草。醉里吴音相媚好，白发谁家翁媪？大儿锄豆溪东，中儿正织鸡笼。最喜小儿

---

① 张双棣：《淮南子校释》，北京：北京大学出版社，1997年，第387页。

无赖，溪头卧剥莲蓬。"辛弃疾被农家恬静、祥和的生活所感染，为我们定格了那美好的瞬间。

这样的情景，台湾校园歌曲《走在乡间的小路》也写得非常亲切、生动和逼真。

> 走在乡间的小路上，
> 暮归的老牛是我同伴。
> 蓝天配朵夕阳在胸膛，
> 缤纷的云彩是晚霞的衣裳。
> 荷把锄头在肩上，
> 牧童的歌声在荡漾。
> 喔呜喔呜喔喔他们唱，
> 还有一支短笛隐约在吹响。
> 笑意写在脸上，
> 哼一曲乡居小唱，
> 任思绪在晚风中飞扬。
> 多少落寞惆怅，
> 都随晚风飘散，
> 遗忘在乡间的小路上。

存在未必需要语言

海德格尔在《关于人道主义的书信》中说："思想完成存在与人之本质的关联。思想并不制造和产生这种关联。思想仅仅把这种关联当作存在必须交付给它自身的东西向存在呈献出来。这种呈献就在于：存在在思想中达乎语言。语言是存在之家。人居住在语言的寓所中。思想者和作诗者乃是这个寓所的看护者。"[①]海德格尔认为，思想是把存在与人的关联，当作交付给存在的东西，使之在存在中呈现出来。在这个呈现过程中，存在在思想中通过语言传达出来。没有语言，思想无法完成存在的呈现。语言是思想与存在的桥梁，语言是存在之家。换言之，语言不是表达，而是呈现。

"语言是存在之家"，这句话早已耳熟能详，广为传诵。然而，对于这句话的准确性，学术界并未引起足够的怀疑，似乎把它视为一种定论了。其实，仔细分析，这种说法也未必尽然。原因在于，在西方或许这是理所当然的逻辑，但在我国却未必能够行

---

① 海德格尔：《海德格尔选集》，孙周兴编译，上海：上海三联书店，1996年，第366页。

得通。

要讨论这句话是否完全准确，有必要分析一下前后的逻辑。在海德格尔看来，只有通过人的思考，才能领悟存在，而人的思考必须借助于语言。换言之，只有通过语言，才能思考，进而把握存在。反过来说，存在通过思考，进而是借助语言来呈现。显然，海德格尔把语言上升到了一种本体的高度，这是20世纪语言学转向的产物。所谓语言学转向，也就是把语言问题上升到哲学的层面来思考，而哲学问题则回归到语言层面来解释。这种做法当然有其合理性，但把语言提高到无以复加的程度，似乎又有过犹不及的问题。因为，这种理论颇为片面。事实上，在我国传统文化中，语言的作用并非那么令人满意。古人所说的"书不尽言""言不及义""言已尽而意无穷"，还有"得鱼忘筌"，都把思想内容置于高于语言的层面。《庄子·天道》曰："世之所贵道者，书也。书不过语。语有贵也。语之所贵者，意也。意有所随。意之所随者，不可以言传也。而世因贵言传书。世虽贵之哉，犹不足贵也，为其贵非其贵也。"①语言受推崇之处，在于其能够表达意义，而意义又有其出处，这不是语言可以传达的。事实上，语言不可传达之处，比比皆是。佛教主张"不立文字，见性成佛"，在拈花不语、点头微笑的动作之间，彼此心领神会，体悟佛法，就说明许多行为完全可以超越语言的层面。可见，过度推崇语言，并不可取。

---

① 庄子：《庄子》，杨柳桥译注，上海：上海古籍出版社，2007年，第153页。

也就是说，只要能够表达意思，无论是日常的语言，还是诗的语言，都可以忽略不计。这就表明，语言只是思想的一种载体而已。孔子所说的"辞达而已矣"（《论语·卫灵公》），苏轼在《答谢民师书》中进一步发挥，明确主张："辞至于能达，则文不可胜用矣。"这些都是把语言视为一个比较低的层次来考虑的。与此相反的是，现代西方人对于语言的重要性则推崇备至。伽达默尔在《哲学解释学》中说："语言根本不是一种器械或一种工具。"①这就是说，语言并不仅仅是意识借以同世界打交道的工具而已，而且是我们融入世界的通道，因为，我们无法在使用语言之后，把它扔在一边。在意识之中，我们永远不可能发现自己是与世界相对立的，即便在沉默之中，也不可能把语言当作工具来与世界打交道。换言之，沉默时，我们依然通过语言与世界融为一体。所以，"在所有关于自我的知识和关于外界的知识中我们总是早已被我们自己的语言包围"②。这样看来，人就是语言动物，而且无时无刻不沉浸在语言的汪洋大海之中。

其实，西方人如此推崇语言，还是因为他们把"思"看得太重。海德格尔在《关于人道主义的书信》中说："思把这一关联交托给他自己的东西向存在供奉出来显现成物。"③海德格尔认为，语言是思的桥梁，而人通过思把事物显现出来，变成一种"存在"。

---

① 伽达默尔：《哲学解释学》，夏镇平、宋建平译，上海：上海译文出版社，2004年，第63页。
② 伽达默尔：《哲学解释学》，夏镇平、宋建平译，上海：上海译文出版社，2004年，第63页。
③ 海德格尔：《海德格尔选集》，孙周兴编译，上海：上海三联书店，1996年，第358页。

所以，海德格尔说："思想，这就是存在的任务。"①可见，思使存在澄明。换言之，思是存在的家，或者说得更具体一些，思的语言是存在的家。显然，这与中国人的观念颇不相同。因为，我们认为，对于存在，既可以通过思来呈现，也可以通过不思来呈现。这就是说，我们可以不假思索，运用智的直觉，去领悟存在。既然领悟存在时，思都不需要，那还要语言做什么？

而西方人对语言看得很重。海德格尔在《语言的本质》一文引用了斯蒂芬·格奥尔格《词语》中的一句诗："词语破碎处，无物可存在。"②他认为，没有语言，就没有存在。海德格尔还认为，语言不仅是表达思想的载体，还是领悟存在的必要条件。所以，不是人支配着语言，而是语言支配着人。海德格尔在《筑·居·思》中说："人的所作所为，俨然他就是语言的构成者和主人，而实际上，语言才是人的主人……在我们人能够从自身而来的已付诸言说的所有呼声中，语言乃是最高的、处处都是第一性的呼声。"③

当然，海德格尔所说的存在之家的语言，是本质的语言，也就是诗化的语言，而不是司空见惯的语言。海德格尔在《关于人道主义的书信》中说："人以语言之家为家。思的人们与创作的人们是这个家的看家人。"④他认为，本质的语言，或者说是诗的语言

---

① 海德格尔：《海德格尔选集》，孙周兴编译，上海：上海三联书店，1996年，第359页。
② 海德格尔：《在通向语言的途中》，孙周兴译，北京：商务印书馆，2004年，第150页。
③ 海德格尔：《海德格尔选集》，孙周兴编译，上海：上海三联书店，1996年，第1189页。
④ 海德格尔：《海德格尔选集》，孙周兴编译，上海：上海三联书店，1996年，第358页。

才能使存在显现，才是存在的家，才能让人领悟存在，否则，只能言说存在者。正因为如此，海德格尔力图用诗的语言来改变形而上学的语言。在他看来，形而上学的语言以语法和逻辑为其形态，只能诉诸理性来分析和理解。但诗的语言则可以使人呈现更为原始的本质状态，使人直达存在，这正是诗人和思想者的根本任务。

可见，海德格尔把作为思想载体的语言上升为一种存在的本体。这种语言并不仅仅是我们日常交流的语言，而更是指"道言"。在这种情况下，语言不是为了表达，而是一种呈现方式。存在（即"大道"）呈现于天地万物之间，而天地万物之呈现即是"道言"。人聆听着无声的"道言"，然后才有了"人言"，后以言说的方式让"大道"开显。在他看来，只有通过语言，才能思考，从而理解存在。当然，海德格尔的存在论语言观，在其弟子伽达默尔那里还得到了进一步的强化。伽达默尔在《真理与方法》中一书说："能被理解的存在就是语言。"[①] 此外，伽达默尔还在《哲学解释学》中明确表示："语言就是我们在世的基本方式，是世界构成的无所不包的形式。"[②] 他把语言的重要性推到了一个无以复加的高度，这显然有点夸大其词了。因为，存在虽然就是被感知、被思考，但是，思考一定要以语言作为媒介吗？答案当然是否定的。因为，在日常生活之中，我们每个人都有这种体验：我们有

① 伽达默尔：《真理与方法》，上海：上海译文出版社，1999年，第606页。
② 伽达默尔：《哲学解释学》，上海：上海译文出版社，1994年，第3页。

时会感到灵感乍现，这时，没有语言，我们也在思考。另外，我们面对自然时也经常运用直觉，此刻，也没有语言，而又能感知、思考。例如，在秋天，我们仰望万里无云的天空，那浩渺的苍穹会深深地触动我们的灵魂。那时，我们头脑中一片空白，没有任何语言在心中闪现。可见，思考确实可以脱离语言的约束而自由飞翔。试想，婴儿懂得吸奶，难道是在语言的作用下进行吗？原始人没有语言之前，难道就不能理解存在吗？对此，钱穆曾说："思想可以分成两种，一种是运用语言文字而思想的。……另有一种不凭借语言文字而思想的。"[1]对此，钱穆通过蜘蛛结网来捕捉虫子、蜾蠃虫捕捉螟蛉当粮食，以及婴儿吸奶等事例，来说明出于本能（又称为直觉）的行为完全是一种不用语言的默思。此外，钱穆还认为，在心灵中，直觉是先于语言而发生作用的。人类在不断地发展中，语言不断成熟，从而使理智从直觉中分离出来。直觉是理智之根，这种直觉使人与万物融为一体，形成天人合一的境界。而语言是在此基础之上所形成的理智，反而使人与万物分隔开来。所以，人类要复归自然，就应当像婴儿恋母亲、老人恋故乡一样地依靠其本能和直觉来生活。

所以说，西方与我国对于语言的观念相差甚远。西方人把与理智相关的语言看得很重，而我国则把与直觉相关的感悟看得很重。其实，这种差异，是中西文化的不同所造成的。钱穆曾说："东方人爱默识，爱深思，较不看重语言文字之分析。在西方崇尚

---

[1] 钱穆：《钱宾四先生全集》第39册，台北：联经出版事业股份有限公司，1998年，第161页。

理智的哲学传统看来，像神秘，又像是笼统，不科学。但在东方人说来，这是自然，是天人合一，是至诚。这是东西文化一异点，而双方语言文字之不同，仍是此一异点之大根源所在。"[1]钱穆认为，西方人重理性，重逻辑，注重语言文字承载思想之作用。而中国人重自然，强调天人合一，不重语言文字之分析。这就是说，语言在某些时候，不仅不是存在之家，反而破坏了万物一体的状态。例如，《老子》就主张天地能够"处无为之事，行不言之教"，如果圣人不效法天地，喜欢喋喋不休，反而"多言数穷"，所以，不如保持沉默，处于"守中"的境界。

从上面的比较可知，正是由于中西文化的这种差异，所以，我们对于海德格尔"语言是存在之家"之理论的认可，也要适可而止，否则，就会变成一种错误。毕竟，没有语言的存在，也时时出现于我国学者生动形象的描述之中。例如，《老子》所说的"大方无隅，大器晚成，大音希声，大象无形"，以及《庄子》所说的"天地之美，神明之容"，等等，都是如此。

此外，牟宗三在《美的感受》一文里曾经讲述了这么一种无以言表的体验，他说："我记得幼年在我们家乡，当春末夏初的时候，我常常仰卧在河边的沙滩上，仰望寥廓的天空，旁边是小溪流，有桑树两行，有杨柳几株，上面有布谷鸟鸣之声。在这一种清明寥廓的境况里，我一藐然之身，横卧在沙滩上，一种落寞而不落寞之感便在我心中浮现。我当时并不能明其所以，但只觉得

---

① 钱穆：《钱宾四先生全集》第39册，台北：联经出版事业股份有限公司，1998年，第167页。

很神往。事后我想这落寞而不落寞之感便就是那天地之美神明之容了。"① 牟宗三说，幼年在家乡，春末夏初仰望天空，环视四周所见所闻的那种场景，不能明其所以然，但很神往。在他看来，"这一种清明寥廓的境况"，不是语言所能够分析的，这种无言之美，只能通过观赏者以自己的生命来体悟而已。

类似的情况还有不少。朱光潜在《无言之美》中说："世间有许多奥妙，人心有许多灵悟，都非言语可以传达，一经言语道破，反如甘蔗渣滓，索然无味。这个道理还可以推到宇宙人生诸问题方面去。我们所居的世界是最完美的，就因为它是最不完美的。……人生最可乐的就是活动所生的感觉，就是奋斗成功而得的快慰。世界既完美，我们如何能尝创造成功的快慰？这个世界之所以美满，就在有缺陷，就在有希望的机会、有想象的田地。换句话说，世界有缺陷，可能性（potentiality）才大。这种可能而未能的状况就是无言之美。"② 朱光潜认为，在宇宙人生的缺憾和不完美之中，存在着世界上的最完美。因为，在缺憾之中，人生才有奋斗和拼搏的意义。否则，一切都是完美的、现成的，还要努力做什么，还要希望做什么？换言之，世界有缺憾，才有更多的可能性，这种状况也是无言之美，体现了美的超越原则、无相原则。牟宗三在《康德第三批判讲演录》中说："美的超越原则当该是'无相原则'。无相原则不是分别讲的美的本身，因为中国没有

---

① 牟宗三：《牟宗三先生全集》第27册，台北：联经出版事业股份有限公司，2003年，第203—204页。

② 朱光潜：《朱光潜全集》第1卷，合肥：安徽教育出版社，1987年，第71—72页。

分别讲的真、善、美。……中国人不停在分别讲的美，他往上转，讲无言之美、无声之乐、无体之礼、无服之丧。"①

中国人追求无言之美，而这无言之境界，当然也是一种存在。可见，在中国文化中，存在并非一定需要语言。也就是说，对于存在之美，有语言达不到的地方，也有语言无需达到的地方。

第一，语言达不到的地方。《老子》曰："道可道，非常道；名可名，非常名。"这里的"道"和"名"，都是语言说不清、道不明的概念。所以，只可意会，不可言传，只能强为之命名了。《老子》曰："吾不知其名，字之曰道，强为之名曰大。"此"道"与"大"，显然也不是存在者，而是活生生的存在。再者，《老子》所说的"三十辐共一毂，当其无，有车之用"，是为了说明"有之以为利，无之以为用"的道理，这也不是语言所能完全表达清楚的。所以，如果说西方人执着于"有"的作用性，而中国人则更倾向于"无"的价值。《老子》主张"知雄守雌""复归婴儿"，就是这个意思。另外，我国自古以来就讲究艺术上的意境、境界，这也不是语言能够自如达到的地方。这个不是理性之解悟所能够把握的，而是需要证悟、彻悟、妙悟来体验的。牟宗三在《存在主义》中说："中国人以前有所谓解悟、证悟、彻悟。解悟是非存在的，这全不济事。证悟、彻悟是存在的。这就是我所谓的'存在的经历'了。"②

---

① 牟宗三：《康德第三批判讲演录（二）》，《鹅湖月刊》2000年第4期。

② 牟宗三：《牟宗三先生全集》第27册，台北：联经出版事业股份有限公司，2003年，第181页。

第二，语言无需达到的地方。亲人之间，特别是恋人之间，往往是一举手、一投足，或者是一个眼神，就传达了丰富的信息，这也无需语言的表达。正因为如此，李商隐在《无题·昨夜星辰昨夜风》中才会说："身无彩凤双飞翼，心有灵犀一点通。"情人相恋，心有灵犀。他们的爱情，无需语言就能跨越时空。同样，顾城也表达了这种无言之美。顾城在《门前》中说："草在结它的种子，风在摇它的叶子，我们站着，不说话，就十分美好。"此诗在说，亲人在一起，无需说话，只要侧耳聆听自然的声音，就有无穷的妙趣和快乐。于是，门前的这种宁静场景，也是一种十分美好的存在。这种美好，是看不见的，说不清楚的，可谓"此时无声胜有声"。这也正如赫拉克利特所说："看不见的和谐比看得见的和谐更好。"[①]也就是说，看不见的美，比看得见的美，更加动人。例如，晏殊《无题·油壁香车不再逢》的"梨花院落溶溶月，柳絮池塘淡淡风"，不言富贵，而富贵却已显露其中，这就是司空图《诗品》所言"不著一字，尽得风流"的雅致了。

总之，"语言是存在之家"，也是一种"在场的形而上学"。套用笛卡尔"我思故我在"的名言，我们也可以说："我'说'故'存'在。"不是吗？笛卡尔想认识外在的世界，但经过一番研究，终于发现要认识世界，就必须首先认识"我自己"，于是，进而发现"我思"是最原始的、最佳的认知方式。同理，海德格尔想寻

---

① 北京大学哲学系美学教研室编：《西方美学家论美和美感》，北京：商务印书馆，1980年，第16页。

找那个不在场的存在，通过不懈努力，终于发现"语言"才是最好的方式。尽管笛卡尔是寻找外在对象，而海德格尔是寻找存在，这有些不同，但两者寻找的思路是一样的，那就是，思维的落脚点是从外转向了人的自身，而忽视了人也应当投身于宇宙的怀抱。所以，笛卡尔归之于"我思"，海德格尔归之于语言，甚至得出结论："语词破碎处，无物存在。"这种见解，当然有矫枉过正之嫌。

其实，海德格尔以"语言"与柏拉图以"理念"，笛卡尔以"我思"，康德以"先验范畴"和黑格尔以"绝对理念"等抽象概念来认识和把握世界的方式，如出一辙，因为，语言也是一种概念。所以，海德格尔并没有跳出西方的思维模式，即通过一个概念来与世界打交道。尽管海德格尔想改变传统的主客对立的二元思维，实现天地人神一体的存在，但他绕了一圈之后，又从"存在"走向了"存在者"。这个存在者就是语言，尽管它可以是艺术的、诗化的语言，可以揭示本真状态，但它毕竟是一种思想的工具。海德格尔自己也承认，是语言为思想服务，而不是思想为语言服务。

事实上，西方人关注的是"思"，而中国人关注的是"心"。"思"比"心"更具体，因为，"思"是人类专有的一种大脑活动，所以，在此观念左右下，西方人的意识美学、身体美学都以自身来审视世界，却从来也不关心世界对意识和身体的主宰性。而"心"不仅为人所独有，还可以指动物的器官，而且"心"是"思"的器官，甚至还有"中心"的含义。所以，"心"比"思"

的内涵和外延都要大。既然"心"不为人所专有，那么，人在世界就不可能唯我独尊。这也就是说，世界聚集于人心，而人心也要转向世界。所以，世界与人心的双向交流也就顺理成章了。陆九渊在《杂说》中曰："宇宙便是吾心，吾心便是宇宙。"[①]但是，海德格尔却只说"语言是存在之家"，而没有想到还应当补充一句："存在是语言之家。"

---

① 陆九渊：《陆九渊集》，北京：中华书局，1980年，273页。

《周易》与中华民族的"三乐"精神

　　"乐"可以说是我国一个十分重要的美学范畴。乐是一种愉快的情感体验，蕴含着丰富的生命精神。正因为如此，我们祖先对于乐字情有独钟。乐字不仅可以单独出现，还可以与其他词语进行组合，形成新的概念，例如：乐业安居、乐观自信、乐善好施等。这三者可以用"三乐"称之，而之所以相提并论，是因为它们都以"乐"来统领，而且构成了《周易》中极其重要的价值观念。

　　说到《周易》的"三乐"，自然会联想到孔子、孟子的"三乐"之说。孔子曰："乐节礼乐，乐道人之善，乐多贤友。"（《论语·季氏》）孟子曰："父母俱存，兄弟无故，一乐也。仰不愧于天，俯不怍于人，二乐也。得天下英才而教育之，三乐也。"显然，孔子与孟子的"三乐"与日常生活息息相关。同理，《周易》中的"三乐"也是如此，具有广泛的普遍性，对于铸造中华民族的优秀品格，具有不可估量的意义。

一、《周易》中的"乐业安居"精神

"乐业安居",体现了中国人的家国情怀。国家稳定,才能安居;家庭幸福,才能乐业。家国一体,安居与乐业也是相得益彰的。元代《延安府》第一折曰:"见如今四海无虞,八方黎庶皆丰富,乐业安居。"

所谓"乐业安居",是指愉快地从事自己的职业,过着安定的生活。我们的祖先生活在一个地大物博的地区,早已形成了勤劳朴实、积极进取而又向往安定、重视家庭的思想观念。《周易》开篇就讲"乐业",《乾·象》曰:"天行健,君子以自强不息。"天的运行刚劲强健,奋进不已,君子应当效仿天道周而复始地运转,自强不息地拼搏,发愤图强地进取,把建功立业视为人生的第一要义。另外,从《周易》各卦的编排来看,作者把《乾》卦放在六十四卦之首,显然是为了突出天道的运行规律,从而让君子从天道中领悟为人处事的道理,由此可见《周易》对君子事业的重视。

《乾·文言》解释《乾》卦九三爻辞曰:"'君子终日乾乾,夕惕若,厉无咎',何谓也?子曰:'君子进德修业。忠信,所以进德也;修辞立其诚,所以居业也。'"君子整天警惕慎行,勉励自己。他深知,忠诚信实,就可以增修美德;言辞诚挚,就可以营修功业。《乾·文言》解释《乾》卦九四爻辞曰:"君子进德修业,欲及时也。故'无咎'。"这就是说,君子进德修业也要把握好时机,只有如此,才能心想事成,没有悔恨。

当然，君子要想"乐业"，就必须有"安居"的保障，所以，《周易》对"安居"特别重视。在《周易》中，与家庭有关的概念相当多，如，"居"字全书一共有31个，"家"字32个，"庭"字10个，另外还有"户"字8个，"庐"字2个，"宅"字1个，等等。而且，《周易》还特意以《家人》卦来强调家庭在社会中的重要性。

《家人》卦是下离上巽之象，象征着"一家人"。全卦从不同的人物、背景等方面，阐发"治家"之道。①在《家人》卦中，从初九至九五，五个爻都处当位、正位，上九虽然位不当，但以阳居阴，有家长居高临下之象。《家人》卦曰："利女贞。"其意为，家中之人各安其位，有利于女子在家庭中守持正固。所以，《象》曰："家人，女正位乎内，男正位乎外。男女正，天地之大义也。家人有严君焉，父母之谓也。父父，子子，兄兄，弟弟，夫夫，妇妇，而家道正。正家而天下定矣。"在一家之中，父母、兄弟、夫妇都各就各位，上下有序，各负其责地维护着全家的团结。只有这样，才能"家和万事兴"，进而让整个天下都安定和谐。

除了《家人》卦，《周易》中还有不少卦涉及乐业安居的观念。《剥·象》曰："山附于地，剥；上以厚下安宅。"所谓"上以厚下安宅"，就是说上级应当以仁厚之心对待下属，使他们安心地居住。据此，上下就能够各得其所。《剥》卦上九曰："硕果不食，君子得舆，小人剥庐。"有了大的果食并不独自占有，而是人人有

---

① 黄寿祺、张善文译注：《周易译注》，上海：上海古籍出版社，2007年，第218页。

份，使君子有车子坐，老百姓有房子居住。又如，《复》卦，下震上坤之象，全卦五阴一阳。阳爻初九象征着根本、家园，而五阴在外有归"复"（回家）之象。

在重视家庭观念的同时，《周易》对于房屋建筑也非常重视。先民居住时追求天人合一的诗意境界，讲究阴阳和谐、对称变化，在具体的建筑理念上也明显受《周易》思想的影响。《周易·系辞》曰："上古穴居而野处，后世圣人易之以宫室，上栋下宇，以待风雨，盖取诸大壮。"《大壮》卦，下乾上震，象征风雨震动于上，而宫室乾健大壮于下，这样的居室可以避风躲雨。另外，从卦象来看，六五和上六两爻中间空虚，各自好像宫室的栋、宇，所以有"上栋下宇"之说。栋，屋脊；宇，椽子。《大壮》卦下面的四爻全为阳爻，象征坚实的基座，以承载上面的栋宇。

《周易》的乐业安居思想对后世的影响是不言而喻的。就"乐业"而言，叔孙豹所标榜的"立德、立功、立言"三不朽（《左传·襄公二十四年》)，曾子所提倡的"士不可以不弘毅，任重而道远"（《论语·泰伯》)，以及仲长统所主张的"常以为凡游帝王者，欲以立身扬名耳"，[1]等等，都宣扬了一种追求事业有成、立功扬名的精神。就"安居"而言，老子追求的"小国寡民……甘其食，美其服，安其居，乐其俗"，以及曾皙描绘的"莫春者，春服既成。冠者五六人，童子六七人，浴乎沂，风乎舞雩，咏而归"

---

① 范晔：《后汉书》，北京：中华书局，1973年，第1644页。

（《论语·先进》)，都是"太平社会之缩影也"①。

二、《周易》中的"乐观自信"精神

《周易》中虽然有强烈的忧患意识，但还是以乐观自信为主。《周易》一共有六十四卦和三百八十四爻，在这些卦与爻当中，总体上是吉卦多于凶卦、吉爻多于凶爻，而且以凶转吉的趋势非常明显，这表明我们祖先对于以吉胜凶的乐观与自信。另外，在占辞方面，也体现了这种乐观精神。《周易》的占辞一共有九种，它们按照从坏到好的程度来排列，依次是：凶、咎、厉、吝、悔、无咎、利、亨、吉。朱熹说："吉凶在两头，悔吝在中间。悔自凶而趋吉，吝自吉而趋凶。"这就是说，在这九种占辞中，悔趋向于吉，而吝则走向于凶。以悔吝为中界，则可以分成吉凶两部分。其中，前面四个是凶，后面五个是吉。显然，它们是吉多而凶少。

例如，《困》卦体现了鲜明的乐观主义精神。此卦说明了君子身处逆境，仍然能够保持乐观向上的信念，通过努力进取，最终吉祥亨通。《困》卦卦象是下坎上兑，坎为险，为阳卦，而兑为悦，为阴卦。《困·象》曰："困，刚揜也。险以说，因而不失其所，亨，其唯君子乎！"《困》卦象征着阳刚被阴柔掩蔽，但是，君子能够处险而不改其所悦，处困而不失其所亨，所以获得"亨通"，这就是乐观自信的表现。

又如，《兑》卦也展现了积极乐观的精神。兑为泽，谓水，又

---

① 杨树达：《论语疏证》，上海：上海古籍出版社，1986年，第273页。

有喜悦之意。此卦说明了阳刚居中、心怀诚信而又柔和处逊顺接物，就可以获得欣悦并利于守持正固。《兑·象》曰："兑，说也。刚中而柔外，说以利贞，是以顺乎天，而应乎人。"正确的"欣悦"之道能够顺应天道，合乎人情。

可见，《周易》充满了人文精神，而这种人文精神与西方的"罪感文化"和日本的"耻感文化"完全不同，这就是李泽厚所说的"乐感文化"①，体现了中华儿女的自信心理。《贲·象》曰："观乎天文，以察时变；观乎人文，以化成天下。"通过天文可以了解人文，而通过人文又可以推行教化，从而大治天下。

我们坚信自然的发展规律一定是"先否后喜"（《否·象》），否极泰来，因为，"天地感而万物化生，圣人感人心而天下和平"（《咸·象》）。这就是说，在圣人的教化下，只要大家各美其美，美美与共，就可以做到"天下同归而殊途，一致而百虑"（《周易·系辞下》），这样，理想中的"保合太和……万国咸宁"（《乾·象》）的美好世界就会来临。

《周易》中描述的乐观自信的精神对后世影响深远。可以这么说，乐观自信的精神早已成为一种文化心理。王阳明认为"乐是心之本体"，②王国维在《红楼梦评论》中说："吾国人之精神，世间的也，乐天的也。"这些都是这种思想的集中体现。

---

① 李泽厚：《论语今读》，合肥：安徽文艺出版社，1998年，第27—28页。
② 王阳明：《王阳明全集》，上海：上海古籍出版社，1992年，第194页。

三、《周易》中的"乐善好施"精神

中华民族是一个热心、善良的民族。在《周易》之中，我们祖先乐善好施的美德到处闪着耀眼的光辉，无论是卦象，还是传文都有许多类似的表述。

首先，《周易》有许多卦象都宣扬乐善好施的美德。例如，《乾·象》曰："见龙在田，德施普也。"巨龙在原野上露出头角，美德已经显现出来，并广泛地施及天下了。《屯·象》曰："屯其膏，施未光也。"广施恩泽，但所布施的德泽还没有得到光大。《大有·象》曰："火在天上，大有，君子以遏恶扬善，顺天休命。"火在天上，象征"大有所获"。君子应效法《大有》的卦象，在大获成功之时，努力止恶扬善，顺从天道，保护万物的性命。也就是说，君子在富贵之后，要替天行道，做到激浊扬清，乐善好施，从而完成自身的使命。《谦·象》曰："地中有山，谦；君子以裒多益寡，称物平施。"谦卦卦象是下为山，上为地，高山藏于地中，象征"谦虚"。君子要取有余而补不足，衡量万物以便公平地施舍。《颐·象》曰："颠颐之吉，上施光也。"居上位者向下求取颐养，再返还给下位者，这样做是吉祥的，说明了居上而能向下广施光明美德。《益·象》曰："风雷，益。君子以见善则迁，有过则改。"风雷交助，象征"增益"，君子应当去恶从善。《夬·象》曰："君子以施禄及下，居德则忌。"君子应当以恩德施及下民，如果固守德行而不施舍，那就会遭到憎恨。《渐·象》曰："山上有木，渐。君子以居贤德善俗。"山上因为有树木而不断增高,象征"渐进"。君子在日常生活中要积累美好的德行,从而改善民风民俗。

其次,《周易》的传文也大力宣扬乐善好施的美德。《易传·文言》曰:"积善之家,必有余庆;积不善之家,必有余殃。"后世常说的"积善之家,必有达人"与这种思想可谓一脉相承。所谓"善",就是以阴阳变化之道开创万物。《周易·系辞上》曰:"一阴一阳之谓道,继之者善也,成之者性也。"天具有这种原始创造的美德,并使之亨通畅达、贞正自守。天从一开始就以美德施行于天下万物,但并不言说自己的功劳,这是多么伟大的品德啊!由于天有"美利利天下"(《易传·文言》),所以,君子就应当效法天的美德,做到"善世而不伐,德博而化"(《易传·文言》)。

懂得"乐善",当然能够"好施"。《周易·系辞下》曰:"益,德之裕也。"益卦象征着施恩惠于人,是道德充裕的表现。《周易·系辞上》曰:"富有之谓大业,日新之谓盛德。"富有之后,还应当日新其德,把恩惠推而广之,因为,推行恩德可以感化天下之人。孔子曰:"君子居其室,出其言善,则千里之外应之,况其迩者乎?"(《周易·系辞上》)

《周易》中的"乐善好施"精神对后世的影响也是显而易见的。《周易·系辞下》中指出:"善不积不足以成名,恶不积不足以灭身。小人以小善为无益而弗为也,以小恶为无伤而弗去也,故恶积而不可掩,罪大而不可解。"三国时期蜀主刘备所说的"勿以恶小而为之，勿以善小而不为"①，体现的就是这种思想。

乐善好施，无疑是中华儿女的传统美德，这种美德代代相传。儒家经典《大学》开篇曰："大学之道，在明明德，在亲亲民，在止于至善。"受这种思想的熏陶，古往今来，在我国，以这种美德为立身标准的人物可谓层出不穷，不可胜数。司马迁在《史记·货殖列传》中曰："朱公以为陶天下之中……十九年之中三致千金，再分散与贫交疏昆弟。此所谓富好行其德者也。"陶朱公范蠡十九年中赚得千金钱财，两次分给贫穷的朋友和同姓的兄弟，这就是富而好行其德的典范。《史记·货殖列传》曰："七十子之徒，赐最为饶益。……夫使孔子名布扬于天下者，子贡先后之也。此所谓得势而益彰者乎？"孔子众多弟子之中数子贡最为富有，子贡对老师物质上的鼎力支持，以及人前人后对老师的称颂，从而使孔子的名声更加迅速地传遍天下。后世深受陶朱公及子贡等的影响，历朝历代都有大量的儒商涌现出来，清代巨商陈天高就是其中之一。他发迹之后，捐资兴学、修桥、铺路，受到清政府的高度赞誉，地方官吏奉旨为他建造一座表彰性牌坊——乐善好施坊，该牌坊至今矗立在福建仙游县。该乐善好施坊所体现的历史和文化价值，成为研究当地民俗、建筑和传统文化的重要依据。

总而言之，《周易》是中华思想智慧的结晶，是中华道德精神的体现。我们祖先自古以来就有乐业安居、乐观自信、乐善好施

---

① 陈寿，《三国志》，裴松之注，北京：中华书局，1999年，第663页。

等"三乐"精神，而这"三乐"精神都能从《周易》之中找到相应的根源。岁月悠悠，中华民族的"三乐"精神早已深深根植于每一个华夏儿女的血脉之中，它们必将源远流长，代代相传。

《诗经》中有没有爱情诗

　　说到《诗经》，如今学术界一般认为这是文学作品，是我国古代最早的诗歌总集。这种说法当然没有什么错误，但如果仅仅这样理解，可能无形之中又产生了偏差。其实，把《诗经》当作经学、史学和文学的统一体，要比仅仅视为文学更为准确。《诗经》之"经"，就说明了它属于经学。而"六经"皆史，也说明《诗经》具有史学价值。《诗经》无论是在当时的作用，还是对后世的影响，都是无法估量的。按照这样的思路，更进一步来说，从经学、史学和文学三位一体的角度，比仅仅从文学的角度来看待包括《诗经》在内的中国古代文学，更为合理、更有意义，也更容易收到事半功倍的效果。

　　据此而言，或者严格来说，我认为《诗经》中根本就没有爱情诗。当然在《诗经》所产生的年代中社会上有爱情的存在，其中也表达了男女相思之情。我说《诗经》没有爱情诗，是从其主题来说的，而其中有男女之情的表达，则是从题材来说的。题材与主题是两个不同的概念。这正如《水浒传》的题材是农民起义，但小说的主题是忠义一样。

至于说《诗经》中没有爱情，有三个方面的问题不能混淆。

一是爱情诗与婚姻诗不能混为一谈。事实上，爱情与婚姻是有区别的。相比较而言，婚姻是家庭伦理之事，往往与礼仪牵涉到一起；而爱情是个人私密之事，往往与自由联系到一起。我们古人一贯主张修身、齐家、治国、平天下。所以，先要把夫妇关系处理好，才能稳定家庭，进而畅谈治国平天下。夫妇之道，涉及更为广泛的社会义务和责任担当。在我国，大量经典著作关心的是婚姻中的夫妇之道。例如，《周易·序卦传》曰："有天地，然后有万物；有万物，然后有男女；有男女，然后有夫妇；有夫妇，然后有父子；有父子然后有君臣；有君臣，然后有上下；有上下，然后礼仪有所错。夫妇之道，不可以不久也，故受之以恒；恒者久也。"男女匹配是为了构成夫妇之间的伦理关系，而且这种关系与家国同构，从而使礼仪能够落实，进而实现家国一体的恒久稳定。可见，夫妻关系与礼仪密切相关。因此，娶妻，以及由此带来的后果就成为日常关注的重心。这可以找到大量的证据，例如，《周易》中《姤》卦曰："女壮，勿用取女。"《咸》卦曰："亨，利贞，取女吉。"《礼记·礼运》曰："父子笃，兄弟睦，夫妇和，家之肥也。"

二是我们不能把刺淫，以及讽刺男女婚姻失时之诗视为爱情诗。这就好像不能把反对读书，并高喊"读书无用论"，视为一种教育理念一样。现代社会总把男女关系往爱情上靠，有时甚至把婚姻失败的痛苦视为一种浪漫的爱情。如果以此来看待《诗经》完全是撇开历史语境，而纯粹以现代人的眼光来审视古人，这也并不符合马克思主义文学理论中所说的审美与历史相结合的评判标准。

三是我们不能因为其中有一两句反映了男女之情的诗句，就认为整部《诗经》是爱情诗，否则，这种理解就变成了断章取义。例如，《东山》中的"之子于归，皇驳其马。亲结其缡，九十其仪。其新孔嘉，其旧如之何？"这几句当然具有爱情的成分，但整首诗并不是爱情诗。另外，有些句子虽然后世用于歌颂爱情，但当时并没有这层含义，《击鼓》中的"执子之手，与子偕老"，即是如此。这些问题都不能有所混淆。

其实，对于《诗经》的理解，最好还是看看前人的相关理论。司马迁在《报任安书》中说："《诗》三百，大抵圣贤发愤之所为而作也。"圣贤们发愤而作，就像屈原的《离骚》用追求美女来表达忠贞之情一样，其中蕴含着对社会治乱的深切关怀。正因为如此，孔子整理删订《诗经》就是为了教化天下，而并非仅仅是为了抒发儿女之情。整体而言，《诗经》的主题主要在于美刺。美是美君子，刺是刺小人，所以，有香草美人、恶木秽草之比喻手法。然而，现今有不少学者认为，香草美人的写作手法首创于屈原《离骚》，这种观点难以让人信服。因为，《诗经》就已经开创了香草美人的手法，而屈原对此进一步发扬光大而已。此后，这种手法就成为中国文人特有的一种创作传统，类似的表达可谓举不胜举。例如，唐代朱庆余在《近试上张水部》有言："洞房昨夜停红烛，待晓堂前拜舅姑。妆罢低声问夫婿，画眉深浅入时无？"众所周知，这不是爱情诗，而只是一首向张水部（张籍）投送的干谒诗而已。作者以女子自比，试探地询问自己才能几何，以此希望得到张籍的厚爱。此外，张籍的《节妇吟》借妇女坚守妇道来表达忠于朝廷、不被拉拢、收买的决心，曹植用《美女篇》表达自己政治上的失意等，都是如此。

事实上，对于《诗经》中"香草美人"的手法，我们的前人也有深刻的认识。魏源的《诗古微》一书就对此提出了独到的见解。

魏源评价《静女》曰："此贤者思遇，托于盛年思偶之词，《离骚》美人怀君所本也。"[1]

魏源评价《遵大路》曰："托男女之词，为留贤之什。"[2]

魏源评价《野有蔓草》曰："思遇贤者而托诸男女之词，美人香草以比君子，盖仿诸此也。"[3]

魏源认为，《诗经》中有不少作品，尤其以《郑风》中的《女曰鸡鸣》《有女同车》等九首为代表，看似是淫诗，但其实是"思贤讽政之诗"，之所以如此，那是因为"风声习气所渐靡"，诗人"亦有不自知其然者矣"。[4]

---

[1]　魏源：《魏源全集·诗古微》，长沙：岳麓书社，2005年，第622页。
[2]　魏源：《魏源全集·诗古微》，长沙：岳麓书社，2005年，第626页。
[3]　魏源：《魏源全集·诗古微》，长沙：岳麓书社，2005年，第628—629页。
[4]　魏源：《魏源全集·诗古微》，长沙：岳麓书社，2005年，第629页。

所以说，《诗经》中表达的男女之情，往往是一种象征性的美刺手法。作者不是为了宣扬爱情，而是为了歌颂婚姻美满幸福，使人兴高采烈；或者讽刺社会混乱，男女纵情私欲，让人忧心忡忡。所有这些，其目的都在于反映世道的治乱，以此作为统治者治国理政的借鉴。所以，《汉书·艺文志》曰："故古有采诗之官，王者所以观风俗，知得失，自考正也。"

当然，要说明《诗经》中有没有爱情诗，还有必要把今人普遍视为爱情诗的诗乐整体罗列出来，并一一给予说明。由于《诗经》最为权威的版本是毛亨、毛苌的《毛诗传》，郑玄的《毛诗笺》，以及孔颖达的《毛诗正义》，所以，我们就对他们的观点进行解说和论证。为了简洁起见，以《毛诗传》的小序为主，配以部分《毛诗笺》和《毛诗正义》的笺注。（见表1）

表1　被视为爱情诗的诗乐

序号	篇名	毛亨、毛苌《毛诗传》中的小序	郑玄《毛诗笺》	孔颖达《毛诗正义》
1	周南《关雎》	后妃之德也，风之始也，所以风天下而正夫妇也，故用之乡人焉，用之邦国焉		后妃既有是德，又不妒忌，思得淑女以配君子，故窈窕然处幽闲贞专之善女，宜为君子之好匹也

续表

序号	篇名	毛亨、毛苌《毛诗传》中的小序	郑玄《毛诗笺》	孔颖达《毛诗正义》
2	邶风《静女》	刺时也。卫君无道，夫人无德	以君及夫人无道德，故陈静女遗我以彤管之法德，如是可以易之为人君之配	言有贞静之女，其美色姝然，又能服从君子，待礼而后动，自防如城隅然，高而不可逾。有德如是，故我爱之，欲为人君之配。心既爱之，而不得见，故搔其首而踟蹰然
3	郑风《溱洧》	刺乱也。兵革不息，男女相弃，淫风大行，莫之能救焉		
4	召南《摽有梅》	男女及时也。召南之国，被文王之化，男女得以及时也		
5	郑风《野有蔓草》	思遇时也。君之泽不下流，民穷于兵革，男女失时，思不期而会焉		
6	卫风《淇奥》	美武公之德也。有文章，又能听其规谏，以礼自防，故能入相于周，美而作是诗也		
7	郑风《将仲子》	刺庄公也。不胜其母，以害其弟。弟叔失道而公弗制，祭仲谏而公弗听，小不忍以致大乱焉		
8	鄘风《柏舟》	共姜自誓也。卫世子共伯早死，其妻守义，父母欲夺而嫁之，誓而弗许，故作是诗以绝之		

续表

序号	篇名	毛亨、毛苌《毛诗传》中的小序	郑玄《毛诗笺》	孔颖达《毛诗正义》
9	周南《卷耳》	后妃之志也，又当辅佐君子，求贤审官，知臣下之勤劳。内有进贤之志，而无险诐私谒之心，朝夕思念，至于忧勤也		
10	郑风《子衿》	刺学校废也。乱世则学校不修焉		
11	郑风《风雨》	思君子也。乱世则思君子，不改其度焉		
12	秦风《蒹葭》	刺襄公也。未能用周礼，将无以固其国焉		
13	邶风《击鼓》	怨州吁也。卫州吁用兵暴乱，使公孙文仲将而平陈与宋，国人怨其勇而无礼也		
14	卫风《伯兮》	刺时也。言君子行役，为王前驱，过时而不反焉		
15	周南《桃夭》	后妃之所致也。不妒忌，则男女以正，婚姻以时，国无鳏民也		
16	王风《采葛》	惧谗也		彼采葛草以为絺绤兮，以兴臣有使出而为小事兮。其事虽小，忧惧于谗，一日不得见君，如三月不见君兮，日久情疏，为惧益甚，故以多时况少时也

序号	篇名	毛亨、毛苌《毛诗传》中的小序	郑玄《毛诗笺》	孔颖达《毛诗正义》
17	卫风《氓》	刺时也。宣公之时，礼义消亡，淫风大行，男女无别，遂相奔诱。华落色衰，复相弃背。或乃困而自悔，丧其妃耦，故序其事以风焉。美反正，刺淫泆也		
18	卫风《木瓜》	美齐桓公也。卫国有狄人之败，出处于漕，齐桓公救而封之，遗之车马器服焉。卫人思之，欲厚报之，而作是诗也		
19	小雅《采薇》	遣戍役也。文王之时，西有昆夷之患，北有猃狁之难。以天子之命，命将率遣戍役，以守卫中国。故歌《采薇》以遣之，《出车》以劳还，《杕杜》以勤归也		
20	逐风《东山》	周公东征也。周公东征，三年而归，劳归士，大夫美之，故作是诗也。一章言其完也，二章言其思也，三章言其室家之望女也，四章乐男女之得及时也。君子之于人，序其情而闵其劳，所以说也。"说以使民，民忘其死"，其唯《东山》乎？		

续表

序号	篇名	毛亨、毛苌《毛诗传》中的小序	郑玄《毛诗笺》	孔颖达《毛诗正义》
21	鄘风《蝃蝀》	止奔也。卫文公能以道化其民，淫奔之耻，国人不齿也		
22	郑风《有女同车》	刺忽也。郑人刺忽之不昏于齐。太子忽尝有功于齐，齐侯请妻之。齐女贤而不取，卒以无大国之助，至于见逐，故国人刺之		
23	郑风《出其东门》	闵乱也。公子五争，兵革不息，男女相弃，民人思保其室家焉		
24	郑风《遵大路》	思君子也。庄公失道，君子去之，国人思望焉		
25	郑风《羔裘》	刺朝也。言古之君子，以风其朝焉		
26	郑风《丰》	刺乱也。婚姻之道缺，阳倡而阴不和，男行而女不随		
27	郑风《东门之墠》	刺乱也。男女有不待礼而相奔者也		
28	郑风《女曰鸡鸣》	刺不说德也。陈古义以刺今，不说德而好色也		

上面所列28首作品，是根据朱熹《诗集传》视为"淫奔"之诗，并结合现今学者观点而挑选出来的。我们这里只选择几首最有代表性的作品进行分析。

首先，谈谈《关雎》。对此，当今的读者一般都认为是爱情诗，其实，这种理解可谓是以讹传讹。按照《毛诗传》的解说，此诗是为了美"后妃之德也"。也就是说，此诗的抒情对象不是男子，而是后妃。具体情况是，见到后宫中有女子非常美丽贤淑，希望她能够作为"君子之好匹"，以充后宫，母仪天下。从诗中琴瑟、钟鼓之类的器乐，可知女子不是来自普通家庭。事实上，钟鸣鼎食之家，也与后妃身份相吻合。另外，孔子删订《诗经》，并把《关雎》定为开端，肯定是有其深刻含义的。20世纪整理出来的《孔子诗论》也涉及此诗，孔子并没有把它视为爱情诗，而是评为"以色喻于礼"。《孔子诗论》曰："《关雎》以色喻于礼。"① 此外，《关雎》是合乐所演奏的诗乐，用于包括乡饮酒礼、燕礼、射礼和大射礼等各种礼仪活动之中。正因为其地位特殊，所以才有《毛诗序》中所说的"风之始也，所以风天下而正夫妇也，故用之乡人焉，用之邦国焉"。

其次，说说《静女》。从字面意思来看，感觉是反映男女约会之作，其实不然。按照《毛诗传》的观点，此诗是为了讽刺"卫君无道，夫人无德"的。因此，希望有一个贞静温婉、容貌姣好，而又能服从君子的女子。此女子平日里以礼防闲，高不可攀，有德如是，以正卫君，使之步入正轨，成为正人君子。就诗句来说，"静女其姝"之"静"，指女子之美德；"姝"，指女子之美色。"俟我于城隅"，意味着城隅高于常处，所以用以比喻女子深谙礼法，自我防备，非常谨慎。至于"贻我彤管"，也不是送我"彤管"作

---

① 马承源主编：《上海博物馆藏战国楚竹书（一）》，上海：上海古籍出版社，2001年，第140页。

为定情之物，而是指送"我"以女史彤管之法，使有法度。"彤管"，不是红色的笛管，而是古代女史用以记事的杆身漆朱的笔。

最后，再说说《采葛》。《毛诗序》认为此诗是"惧谗也"。诗中"一日不见，如三月兮"是比喻手法。臣子担心因小事外出办事而与国君日久情疏，从而遭到谗人诋毁。所以，《毛诗正义》曰："忧惧于谗，一日不得见君，如三月不见君兮，日久情疏，为惧益甚。"

此外，还有不少这方面的作品。例如，《桃夭》歌颂男女婚嫁及时，国家没有鳏夫寡妇，也没有大龄未婚青年。《氓》是讽刺卫国"淫风大行，男女无别，遂相奔诱。华落色衰，复相弃背"。《出其东门》则是反映"兵革不息，男女相弃"的现状。诗中"出其东门，有女如云"，描述的是作者走出东门，见到城外被抛弃的女子非常之多。所以，这首诗并不是表现男子见到众多女子而激动不已，产生了爱慕之情，而是表达对于女子流离失所之现状的感慨。

以上所举例子，充分说明了《诗经》中没有现代观念的爱情诗，最多只有婚姻诗，或者是表达婚恋的句子，其主题并不是爱情。颇有意味的是，现在的读者不会把《离骚》中表达的男女之情视为爱情，因为知道那是君臣之义的香草美人手法。可是，为什么不这样看待《诗经》呢？

可见，以为《诗经》中有不少作品是爱情诗，其实只是一种误解。所以，无论如何，我们还是要本着历史唯物主义的态度，回到当时的历史语境中来准确地把握《诗经》的主题。事实上，汉代四家诗"鲁诗""齐诗""韩诗""毛诗"没有一家是以"爱情"解诗的，另外，郑玄的《毛诗笺》、孔颖达的《毛诗正义》、朱熹《诗集传》，等等，都不以爱情来解释上述作品，难道他们都不能领悟其中的内涵吗？当然不是，他们生活在古代，比我们更接近《诗经》创作的年代，尤其是毛亨、毛苌及郑玄。所以，他们的解释，应当值得我们认真对待。毕竟《诗经》产生于男女有别的礼乐时代，而不是出现在男女纵情的礼崩乐坏时代。所以，孔子所说的"思无邪"，才是我们理解《诗经》最为合理的法门。《诗经》是诗，也是"乐"，而不是"声"或"音"，而"乐"是"德之音"。《诗经》要配乐演奏，用于各种礼仪场合。郑樵的《通志·乐略·乐府总序》曰："礼乐相须为用，礼非乐不行，乐非礼不举。"① 《诗经》的形成、兴盛与衰落，与周礼的演变是同步的。当周礼走向崩溃之时，《诗经》的发展也就停止了。《孟子·离娄下》所说的"王者之迹息而《诗》亡"，就是这个道理。此时，孔子希望复兴周礼，决心整理六经，以推行于天下。所以，《史记·孔子世家》曰："古者诗三千余篇，及至孔子，去其重，取可施于礼义，上采契后稷，中述殷周之盛，至幽厉之缺，始于衽席，故曰'《关雎》之乱以为《风》始，《鹿鸣》为《小雅》始，《文王》为《大雅》始，《清庙》为《颂》始'。三百五篇，孔子皆弦歌之，以求合《韶》《武》《雅》《颂》之音。礼乐自此可得而述，

---

① 郑樵：《通志二十略·乐略第一》，北京：中华书局，1995年，第883页。

以备王道，成六艺。"

　　我们知道，在周朝，男女之情要上升到礼仪的高度。《孟子·滕文公下》曰："丈夫生而愿为之有室，女子生而愿为之有家；父母之心，人皆有之。不待父母之命、媒妁之言，钻穴隙相窥，逾墙相从，则父母国人皆贱之。古之人未尝不欲仕也，又恶不由其道。不由其道而往者，与钻穴隙之类也。"如果没有父母之命、媒妁之言，这与钻洞偷盗没有什么区别。《将仲子》中女子告诫男子"无逾我墙"就是证明。《仪礼》中记载，周朝男女成亲要经过六个步骤：纳采、问名、纳吉、纳征、请期、亲迎。试想，男女的婚配如果不经过这六个阶段，能够得到世人的认可吗？他们的爱情歌唱岂能堂而皇之地被乐师采录下来，作为民风献给天子、诸侯吗？《礼记·内则》曰："聘则为妻，奔则为妾。"可见礼数的普遍和周全。《左传·成公十一年》曰："声伯之母不聘，穆姜曰：'吾不以妾为姒。'生声伯而出之，嫁于齐管于奚。"声伯的母亲未行聘礼就嫁给了声伯的父亲，穆姜就因此而嫌弃她，说是不以妾作为自己的嫂子。

　　另外，从文学来看，《诗经》主要是为了"言志"，而不是"抒情"。换言之，《诗经》主要是为了表达政治之志，而不是抒发儿女私情。这与《尚书·尧典》中有"诗言志"理论，在时代上也是吻合的。正因为如此，才有陆机《文赋》中"诗缘情"的理论，并在后世大放异彩。相反，如果把《诗经》中的一些诗歌视为爱情诗，这岂不是说，"缘情"理论早在春秋时期就已经成为我国文学的主流了吗？果真如此，陆机"诗缘情"岂有我们现在所认可的开创性价值？

需要补充的是，现代一些年轻人把古人视为"淫奔"之诗，也视为爱情诗，是因为他们对于爱情的理解与前人并不相同。所以，他们不是在探讨古诗，而是在用新名词来解释古诗。

总之，我之所以坚持《诗经》没有爱情诗，是希望读者认真拜读《诗经》，及经典注疏著作，这样才能更接近历史，也更容易把握中国古代文学，进而把握中国古代文化。

高明的《琵琶记》是悲剧吗?

我们有必要对元代高明创作的南戏《琵琶记》到底是悲剧还是喜剧进行深入的探讨。尽管学术界普遍视其为悲剧,但试想,在我国美学精神中,岂有以一门旌奖、琴瑟和谐作为戏剧结尾的悲剧?事实上,《琵琶记》十足就是一个以大团圆为结局的喜剧。因为,《琵琶记》主要目的不是突出伦理矛盾,而是反映子孝妻贤的主题,以寄托颂圣之情怀,体现封建社会的核心价值观。该剧以大团圆结局,正是为了表明历经折磨、否极泰来的审美情趣,而这也正与我们国人乐天现实的精神是一脉相承的。

众所周知,把《琵琶记》视为悲剧的理论由来已久。20世纪90年代,王季思主编的《中国十大古典悲剧集》①就把《琵琶记》视为中国古代十大悲剧之一,并收入其中。之后,这种观点似乎成了定论,在学术界颇为流行。虽然章培恒、骆玉明主编的《中国文学史》②,对于《琵琶记》没有做喜剧悲剧的界定,但是,袁行

---

① 王季思主编:《中国十大古典悲剧集》,济南:齐鲁书社,1991年。
② 章培恒,骆玉明主编:《中国文学史》,上海:复旦大学出版社,1997年,第120—125页。

霈主编的权威高校教材《中国文学史》已明确地视之为悲剧，认为该剧通篇展示了"全忠全孝"的蔡伯喈和"有贞有烈"的赵五娘的悲剧命运，从而引发对封建伦理合理性的怀疑，而且还指出"《琵琶记》的悲剧意蕴，具有深刻性和普遍性"[1]。此外，学术界非常热衷于分析《琵琶记》的悲剧思想，而不是其喜剧内涵。

其实，学术界把《琵琶记》视为悲剧，完全是按照西方悲剧理论来进行评判的。因为，《琵琶记》中的主人公虽然存在着生活上的矛盾，但这并不是无法消解的冲突，所以不能当作悲剧来看待。这一点可通过鲁迅、王国维、恩格斯等人的悲剧理论来验证。

鲁迅在《再论雷峰塔的倒掉》一文中论及悲剧社会性冲突时曾指出："悲剧将人生有价值的东西毁灭给人看，喜剧将那无价值的撕破给人看。"[2]《琵琶记》没有把有价值的东西毁灭给人看。该剧中有价值的是子孝妻贤，他们是以团圆的方式示人的。

王国维在《〈红楼梦〉评论》一文中，引用了叔本华的悲剧观点，认为文学作品中有三种悲剧：恶人陷害而造成的悲剧，命运悲剧，在社会关系中普通的人情、情境、道德而造成的悲剧。[3]显然，《琵琶记》中并不存在着恶人，蔡伯喈父母对于自己不幸的命运也是心甘情愿的。叶朗在《美学原理》中谈到悲剧的本质时说道："并不是生活中的一切灾难和痛苦都构成悲剧，只有那种由个人不能支配的力量（命运）所引起的灾难却要由某个个人来承担

---

① 袁行霈主编：《中国文学史》第3卷，北京：高等教育出版社，2003年，第362页。

② 鲁迅：《鲁迅全集》第1卷，北京：人民文学出版社，2005年，第203页。

③ 姚淦铭、王燕主编：《王国维文集》，北京：中国文史出版社，1997年，第11页。

责任，这才构成真正的悲剧。"^①当然，"中国古代悲剧的核心也是命运，是命运的不可抗拒，是人们对命运的恐惧和抗争"^②。《琵琶记》并不存在着由某个人来承担其个人不能支配之力量所引起的灾难的现象。所以，从普通人情、道德来看，蔡伯喈的一家人对于命运也不存在不可抗拒的恐惧与抗争，他们的人生并不是悲剧。

恩格斯在评论拉萨尔的剧本《济金根》时曾说：悲剧是"历史的必然要求和这个要求的实际上不可能实现之间的悲剧性的冲突"^③。但是，《琵琶记》中并没有历史的必然与现实之间的不可调和的冲突。

总之，《琵琶记》中的蔡伯喈父母的悲情没有普遍性、必然性，不能算是美学意义上的悲剧，而且蔡伯喈是古人眼中的命运宠儿。可见，《琵琶记》不能被视为悲剧。这就是说，如果还原历史，认真分析，我们可以得出《琵琶记》为喜剧的结论。

一、剧情是喜剧而不是悲剧

其实，作者设定的"蔡伯喈辞试而蔡公不从""蔡伯喈辞婚而牛相不从""蔡伯喈辞官而皇帝不从"的"三不从"，表面上反映了一种社会伦理的冲突，其实不然。因为，作者如此这般只是为了衬托子孝与妻贤的美名，以及增加观赏的趣味性而已。"三不从"的本质是一种喜剧。蔡伯喈父母虽然年老体弱，但仍希望儿

---

① 叶朗：《美学原理》，北京：北京大学出版社，2009年，第344页。
② 叶朗：《美学原理》，北京：北京大学出版社，2009年，第349页。
③ 陆梅林辑注：《马克思恩格斯论文学与艺术》上册，北京：人民文学出版社，1982年，第181页。

子金榜题名，扬名天下，自己为此贫困且思念至死也是值得的。在他们看来，按照《孝经》的理论，虽然朝夕侍奉固然是一种孝顺，但光大门楣则更是一种大孝。而且，蔡伯喈父母是主动选择的，而不是被动的。作品最后叙写了蔡伯喈家庭和谐，并且得到了皇帝的表彰和封赠，就说明了这一点。据此而言，我们能够依据这个事情发生在古代这一点，就认为这是违背人性而没有理由的吗? 试问，如今的父母望子成龙，是否也有类似蔡伯喈父母的选择? 显然，时至今日，蔡伯喈式的父母仍然比比皆是。而那些或高空作业，或井底工作的劳动者，为了养家糊口，子女能够安心读书，默默忍受各种煎熬，全然不顾个人安危，难道这也是社会伦理的悲剧吗? 回答当然是否定的。因为，他们认为只要子女能够刻苦努力，自己就会无比欣慰，再苦再累也值得。

同理，剧中描写赵五娘，不是为了突出社会的灾难，而是通过自然的灾难来凸现她的贤惠。我们不能动辄就把生活的苦难套上封建社会的恶名。否则，二十四孝中许多不近情理的孝顺，岂不是迂腐、愚蠢之极? 况且《琵琶记》中的"连遭饥荒"是天灾而不是人祸。所以，从所谓的社会制度、封建保守等方面来进行分析，显然是没有多少道理的。毕竟，从某种角度来看，苦难也是人生的一种经历和历练。赵五娘的"代尝汤药""糟糠充饥"等行为，都是为了说明其侍奉舅姑的勤劳和善良，而且这些行为也不是违背她的意愿的。所以，现代人在理解"存天理，灭人欲"的观念时，不能完全抛开历史语境来进行评价。毕竟，"父慈子

孝、君明臣忠，这是一幅和谐的社会画图，是东方理想社会的写
照。……由家到国，以此种血缘关系的推衍而构成一幅和谐的画
图，成为中华民族大一统与稳定的基石。因而家国利益永远高于
个人利益。强调社会利益而扼制个性，强调个性融合于社会共性
和谐关系之中，便成为东方社会的显著特征，也是东方社会道德
之士的行为准则"①。

二、主人公做到了忠孝两全

《琵琶记》开头有一曲《沁园春》写道："有贞有烈赵贞女，
全忠全孝蔡伯喈。"②这表明蔡伯喈完全做到了忠孝两全。为此，明
太祖曾盛誉《琵琶记》是"山珍海错，贵富家不可无"（《南词叙
录》）③。如果是一个悲剧，以表现作者对封建伦理的批判，那么明
太祖恐怕不能容忍其传播，更不要说对此高度赞誉了。所以，蔡
伯喈背井离乡、立身朝廷并不是不孝，而是大忠大孝。正因为如
此，蔡伯喈才能够光宗耀祖，家庭美满团圆。

高明在《琵琶记》的开头，还写下一曲《水调歌头》曰："秋
灯明翠幕，夜案览芸编，今来古往，其间故事几多般。少甚佳人
才子，也有神仙幽怪，琐碎不堪观。正是不关风化体，纵好也徒
然。论传奇，乐人易，动人难，知音君子，这般另做眼儿看。休
论插科打诨，也不寻宫数调，只看子孝与妻贤。骅骝方独步，万

---

① 黄仕忠：《〈琵琶记〉与中国伦理社会》，《文学遗产》1996年第3期。
② 高明：《琵琶记》，北京：中华书局，1958年，第2页。
③ 袁行霈主编：《中国文学史》第3卷，北京：高等教育出版社，2003年，第360页。

马敢争先?"①既然是表达"子孝与妻贤",那么蔡伯喈父母过早离世并不是作品的重心之所在。作者认为,其父母一定会心满意足的。换言之,作者认为蔡伯喈父母希望儿子舍小家为大家,尽忠朝廷才是更重要的选择。

可见,《琵琶记》后面多处出现"吉庆""喜庆""祥瑞""喜欣欣"等词语,目的无非是表明先苦后甜、否极泰来的人生境遇。第四十二出《一门旌奖》中写道:"《孝经》云:'孝弟之至,通于神明,光于四海,无所不通。'今见你坟头,枯木生连理之枝,百兔有驯扰之性。祥瑞若此,吉庆必来。"②这就是说,蔡伯喈、赵五娘做到了孝顺与贤惠,虽然要经过一些折磨,但最后必然是享受吉庆有余的幸福。

三、主人公是团圆结局

我们国人自古以来就是非常乐天现实,而且热衷于把生活中的喜庆延伸到艺术之中。如果借用李渔在《风筝误》传奇之末所说,那就是:"传奇原为消愁设,费尽杖头歌一阕。何事将钱买哭声,反令变喜成悲咽。惟我填词不卖愁,一夫不笑是吾忧。举世尽成弥勒佛,度人秃笔始堪投。"③《琵琶记》中所描述的苦难,只是为了要使悲咽变成欢笑,这也正如书中所说:"不是一番寒彻骨,争得梅花扑鼻香。"④因此,其所反映的精神显然带有十分的喜

---

① 高明:《琵琶记》,北京:中华书局,1958年,第1页。
② 高明:《琵琶记》,北京:中华书局,1958年,第163页。
③ 李渔:《李渔全集》第4卷,杭州:浙江古籍出版社,2010年,第204页。
④ 高明:《琵琶记》,北京:中华书局,1958年,第164页。

剧色彩。这样的表述还有许多，例如，末云："你今日荣归故里，
光耀祖宗，虽是他生前不能享你的禄养，死后亦得沾你的恩典。"
（第四十一出《风木余恨》）[1]邻居张广才起初认为蔡伯喈贪恋功名，
后来才知道事情的原委。因此，张广才大为赞叹，并认为蔡伯喈
衣锦还乡、荣归故里，其父母也会含笑九泉的。旦、贴云："孝服
今朝换吉裳。"（第四十二出《一门旌奖》）[2]旦、贴云："无心动植
呈祥瑞，否极应须会泰来。"（第四十二出《一门旌奖》）[3]今朝孝
服换吉裳，动物植物也为之呈祥瑞，一切都是欣欣向荣、欢欢喜
喜的。

此外，戏剧最后以喜剧收场，其唱词是：

【永团圆】[众]云："名传四海人怎比？岂独是耀门闾？人生怕
不全孝义，圣明世岂相弃。这隆恩美誉，从教管领何所愧，万古
青编记。如今便去，相随到帝畿。拜谢皇恩了，归院宇，一家贺
喜。共设华筵会，四景常欢聚。显文明，开盛治。说孝男，并义
女。玉烛调和归圣主。"[4]

该剧尾声赋诗曰："还居墓茨已三年，何幸丹书下九天。莫道

---

① 高明：《琵琶记》，北京：中华书局，1958年，第162页。
② 高明：《琵琶记》，北京：中华书局，1958年，第164页。
③ 高明：《琵琶记》，北京：中华书局，1958年，第162页。
④ 高明：《琵琶记》，北京：中华书局，1958年，第166—167页。

名高与爵贵，须知子孝与妻贤。"①

顾名思义，《永团圆》这一词牌是为了歌颂皇恩浩荡。因为，"圣明世""开盛治"，所以，子孝妻贤，一派祥和，他们一定要"玉烛调和归圣主"。这就表明，《琵琶记》中的矛盾不是作品的核心，而且主人公也不是以悲惨命运结局。这与《水浒传》中的忠与义的矛盾对立完全不同。《水浒传》中忠与义之矛盾造成了大量英雄豪杰的悲剧命运，寄托了作家的深沉情感。而《琵琶记》主人公的经历，显然体现了作者对如此美好人生的艳羡。

《琵琶记》明显是喜剧，颂圣之意非常显明，难怪朱元璋对此要"龙颜大悦"。但是，我国学术界把它判定为悲剧。之所以如此，究其原因在于，他们是按照西方理论的逻辑来进行评判的。因为，西方一般把矛盾、冲突和毁灭当作悲剧的根据，而把幽默、反讽、诙谐当作喜剧的体现。《琵琶记》中的伦理矛盾被放大了，而其中的喜剧因素却不知不觉地被忽视了。其实，他们的评判并不符合中国艺术的实际。毕竟，中国的悲剧一般是苦情戏，表现厄运；相反，喜剧则表现大团圆，美满、幸福。显然，《琵琶记》表达的不是厄运和灾难，而是幸福和团圆、这也正好说明了我们古人艺术创作的喜剧理念，正如王国维在《〈红楼梦〉评论》一文中所说："吾国人之精神，世间的也，乐天的也，故代表其精神之戏曲、小说，无往而不著此乐天之色彩：始于悲者终于欢，始

---

① 高明：《琵琶记》，北京：中华书局，1958年，第167页。

于离者终于合，始于困者终于亨。非是而欲餍阅者之心，难矣。"[①]
《琵琶记》的剧情正是"始于悲者终于欢，始于离者终于合，始于
困者终于亨"，可谓充分地体现了我们国人乐观向上的精神。

[①]　姚淦铭、王燕主编：《王国维文集》，北京：中国文史出版社，1997年，第10页。

美感是上天赠予人类最好的礼物

美感，即审美感受、审美意识，是指人在审美活动时所产生的审美生理和心理活动。美感包括感知、想象、情感、体验和理解等五种心理机能，具有感性、体验性的特点。

说到美感，也许有人会问：它是天生的吗？回答当然是肯定的。古今中外，很多哲学家都持这种观点。在我国，有孟子"性善论"、王阳明"良知论"等，而在西方，柏拉图的"迷狂说"、康德的"天才论"、哈奇森的"天生论"等，都能证明这一点。

我们先说说我国的这种理论。《孟子·告子上》曰："恻隐之心，人皆有之；羞恶之心，人皆有之；恭敬之心，人皆有之；是非之心，人皆有之。恻隐之心，仁也；羞恶之心，义也；恭敬之心，礼也；是非之心，智也。仁义礼智非由外铄我也，我固有之也。"孟子认为，"仁义礼智"四德并不是外力引起的，而是人人天生所固有的。在这里，孟子虽然是谈论伦理学，但是伦理学与美学是一回事。《孟子·尽心下》所说的"可欲之谓善，有诸己之谓信，充实之谓美"，就是把美建立在善的基础上。这就是说，善性是天生的，美感也是天生的。同样，王阳明认为良知是天生的，也意味着美感是上天赋予的。

再来看看西方人的相关理论。柏拉图认为，美感是灵魂在迷狂状态中对于美的理性的回忆，而这种"迷狂"是神灵的依附所致。柏拉图在《文艺对话集》中说："有这种迷狂的人见到尘世的美，就回忆起上界里真正的美，因而恢复羽翼，而且新生羽翼，急于高飞远举。……每个人的灵魂，我前已说过，天然地曾经观照过永恒真实界，否则它就不会附到人体上来。"[1]也就是说，神灵依附使我们的灵魂产生了美感。按照这样的逻辑来说，美感是神灵的依附所造成的，换言之，美感是上天赠送给我们的礼物。同样，康德主张天才说。他认为，艺术中的天才，是真正的天才。类似的还有哈奇森的理论。哈奇森在《论美与德性观念的根源》中说："对事物的美感或感觉力是天生的，先于一切习俗、教育或典范。"哈奇森明确指出，美感是天生的，先于一切习俗和教育。高尔基也说："照天性来说，人都是艺术家。他无论在什么地方，总是希望把'美'带到他的生活中去。"[2]

这种天生性，可以从两个方面进行解释：

一是我们天生具有审美的感官。也就是说，人分配到了特殊的感官。这些感官不仅是为了获得生活的必需品，还可以获得审美的乐趣。阿奎那说："人分配到感官，不只是为获得生活的必需

① 柏拉图：《文艺对话集》，朱光潜译，北京：人民文学出版社，1963年，第298页。
② 高尔基：《高尔基选集·文学论文选》，孟昌、曹葆华译，北京：人民文学出版社，1959年，第71页。

品，像感官在其他动物身上那样，并且还为着知识本身。其他动物对感官对象不会引起快感，除非这些对象与食物和交配有关，但是人却可以单从对象本身的美得到乐趣。通过嗅觉，人欣赏莲花和玫瑰花的芳香，感觉到这些花本身就可喜。"①由于我们有像眼睛、耳朵、鼻子之类的感官，才可以观看美景、欣赏音乐、嗅到香气等，但这些感官并不仅仅像动物的一样只为食色而起作用，我们人类能够单纯地从活动本身获得一种身心的愉悦感。

众所周知，人的感官分为内在感官与外在感官，它们都是天生的。当然，后来的教育、习染，也会影响我们的感知能力。此外，感官带给我们的快乐也是天生的。哈奇森在《论美与德性观念的根源》中说："如同任何可感觉到的快乐一样，我们内在感官的满足是天然、真实和令人满意的喜悦，它们是普遍追求财富和权力的主要目的。"②

当然，内在感官与外在感官之间总是协调一致地发挥作用，但又有自动性和独立性。夏夫兹博里在《道德家们》中说："眼睛一看到形状，耳朵一听到声音，就立刻认识到美，秀雅与和谐。行动一经察觉，人类的感动和情欲一经辨认出（它们大半是一经感觉到就可辨认出），也就由一种内在的眼睛分辨出什么是美好端正的、可爱可赏的，什么是丑陋恶劣的、可恶可鄙的。这些分辨

---

① 北京大学哲学系美学教研室编：《西方美学家论美和美感》，北京：商务印书馆，1980年，第67—68页。

② 哈奇森：《论美与德性观念的根源》，高乐田、黄文红、杨海军译，杭州：浙江大学出版社，2009年，第71页。

既然植根于自然（'自然'指'人性'——引者），那分辨的能力本身也就应是自然的，而且只能来自自然。"[1]自动性、独立性不受意志的支配。感官是一种天生的能力，它能够为我们提供各种感知，自动地感知显现在其前面的事物。例如，眼睛提供形状的感知，耳朵提供声音的感知。如果缺少某种感官，则其他感官无法给我们提供这种感知。这种感知是先于对于事物性质与原因之推理，而且也不受意识的支配和约束，所以我们难以对这些感官所产生的感知进行随意的改变。

　　说到内在感官与外在感官，相关理论可以追溯到古希腊时期。那时，亚里士多德已明确提出了共通感。之后，中世纪的托马斯·阿奎那进一步发展了亚里士多德的共通感思想，把感觉分为外部感觉和内部感觉。到了18世纪，夏夫兹博里提出了审美无利害的概念，以及"内感官说"。哈奇森进一步发展了夏夫兹博里的"内感官说"，对"两种感官作出正式区别，并把美描述为一种被动的心理能力，并非理性认为的对象"[2]。此外，哈奇森还认为，内在感官高于外在感官，而内在感官之中，又包含一个道德感官。道德感官是道德观念的根源。由于内在感官的存在，我们人类才有仁爱的本能。这种本能不仅会影响我们的行为，也会使我们对自己的行为感到愉快，或不满。当帮助别人之时，我们一定会无

---

[1]　北京大学哲学系美学教研室编：《西方美学家论美和美感》，北京：商务印书馆，1980年，第95页。

[2]　哈奇森：《论美与德性观念的根源》，高义田、黄文红、杨海军译，杭州：浙江大学出版社，2009年，第71页。

比快乐，而当犯错误之时，我们必然会感到内疚和悔恨。孟子所说的"义理悦心"也正说明了这一点。

二是宇宙之间普遍存在着表现力，这是人与万物沟通的渠道，也是美感赖以形成的条件。也就是说，人与万物一样，各自都存在着一种表现力。这样，就可以心物交感，产生共鸣。阿恩海姆在《艺术与视知觉》中说：我们必须认识到，那推动我们自己的情感活动起来的力，与那些作用于整个宇宙的普遍性的力，实际上是同一种力。只有这样去看问题，我们才能意识到自身在整个宇宙中所处的地位，以及这个宇宙整体的内在统一。"①阿恩海姆认为，由于世间存在着普遍的力，我们人类才能有万物一体的感受。在这种感受中，我们能够体验到其中的力的作用，或者说，体验到其中的生命。因为，自然事物的形状，往往是物理力作用之后留下的痕迹。树干、树枝和花朵，它们或弯曲或盘旋或隆起的形状，同样也保持和复现了生长力的运动。自然事物如此，由人创造的东西就更是如此。所有的运动，都能赋予它们力量和轨迹以生命感，而这种生命感，只要通过直觉就可以把握。阿恩海姆在《艺术与视知觉》中说："物理运动完全可以赋予对那能够呈现出它们的力量和轨迹的形状以生命感。……力的作用是由视觉直接把握的。"②可见，这种直接把握生命力的感受，就是一种美感。

这种美感，按照"格式塔"理论来说，是"异质同构"的现

① 阿恩海姆：《艺术与视知觉》，滕守尧、朱疆源译，成都：四川人民出版社，1998年，第620页。
② 阿恩海姆：《艺术与视知觉》，滕守尧、朱疆源译，成都：四川人民出版社，1998年，第593页。

象。也就是，人的内心有一个力的结构，万物也有力的结构，当
受到万物刺激时，人脑之中的电力场也有一个力的结构与之对应
与沟通，因此外物似乎也带有一种情感。童庆炳在《纳斯的腰带：
创作美学》中认为："异质同构是人在同自然和社会的千万年的交
往中，逐渐形成的一种能力。"①

总之，美感由于人的天生感官，以及人与万物异质同构的关
系而天生存在的。这就意味着每个人都天生具有审美的能力，所
以，应当好好利用它，提升我们生活的品质。

我们应当知道，美感是一种赋予万物价值的能力，而从价值
方面来看，这也是一种财富。李白说"清风朗月不用一钱买"，但
清风朗月又可以给人无限的美感，所以，我们可以说"体验美感
不用一分钱"。美感是看不见摸不着的本领，也是一副价值连城
的好家当。无端浪费，岂不可惜？用好它，不是对上天的最好回
报吗？

可见，美感与钱财相比，其价值是无法估量的。因为，如果
你有万贯的家财，难免会招来别人的妒忌，你的日常生活可能需
要小心谨慎、处处提防。《左传》中记载"怀璧其罪"的故事，就
说明了这一点。拥有大量的钱财，本身不是过错，但引来贪得无
厌之人的觊觎，这就是烦恼的根源。与此不同的是，如果你有丰
富的美感，则不会引起别人的任何妒忌。你在尽情享受美的体验
时，不必瞻前顾后、左右为难。因为，在审美之时，你实际上已

① 童庆炳:《维纳斯的腰带——创作美学》，上海：上海文艺出版社，2001年，第85页。

经进入了另外一个独立的精神世界，全身心地愉悦，可谓是神清气爽，飘飘欲仙。这时，你能够独自欣赏人世间的所有美景，而不会引起别人的不满，也不会有任何的后顾之忧。所以，与其拼命地积攒财物，还不如提高自己的艺术修养，提升自己的审美眼光。

美感具有"无中生有"的魔力。在生活中，许多事物存在，如果不刻意关注，并不会感到缺少什么，也不会因此而痛苦。但是，一旦关注周围的事物，例如，其形式、颜色、气味和声音，就会让我们产生快感。柏拉图在《斐利布斯篇》中说："真正的快感来自所谓美的颜色、美的形式，它们之中很有一大部分来自气味和声音，总之，它们来自这样一类事物：在缺乏这类事物时我们并不感觉到缺乏，也不感到什么痛苦，但是它们的出现却使感官感到满足，引起快感，并不和痛感夹杂在一起。"[1]

美感是一种主观感觉，这种感受因人而异，有高低强弱之分，这就好像人的身高、长相有差异一样。但能否运用得好，则因人而异。有的人把美感发挥到极致，有的人则让美感沉睡不醒。所以，激发我们的美感，也是增加幸福感的一种有效手段。美感意义非凡，值得重视。因此，丰富和提升我们的美感是当务之急。这可以从以下三个方面入手。

一是读万卷书，行万里路，拓展自己的视野。读万卷书，可以获得更多的启迪，提升自己的审美能力。行万里路，才能发现

---

[1]　柏拉图：《文艺对话集》，朱光潜译，北京：人民文学出版社，1963年，第298页。

并领悟更多的道理。

二是增加自己的艺术修养。在艺术学习与实践方面，要下狠功夫，从而获得更多的艺术熏陶。只有提高自身的素养，才能使自己具有更多的艺术细胞，激起更多的审美感受。

三是培养自己的审美兴趣。没有这个兴趣，不会去关注这些东西。所以，兴趣是最好的老师，审美也是如此。在生活之中，我们应当做一个有心之人，处处留心，深情体验，从中获得更多的幸福和满足。生活之中并不缺少美，而只是缺少关注美的心情和眼光。日常生活之中，我们总想变成别人，感觉别人是幸福的，其实，别人也想变成我们。所以，与其羡慕别人，还不如放空自己的心灵，让它自由地飞翔，慢慢地吸收，吸收天地之精华，感受人间之美好。

美的体验是幸福的代名词

如今，我们经常看到这些流行的说法：沉浸式体验、浸入式体验、浸润式体验，等等，这说明身临其境的感受是多么重要！

是的，人生的道路虽然各不相同，但体验的幸福是相同的。我们每个人都生活在情境之中，并时时以情感的触须来感知世界，与世界照面。我们的幸福如水一般融入这种情境性的世界之中，它需要我们以深刻的体验来唤醒。这就是说，幸福是一种存在，隐藏于存在者的背后。这不是普遍的概念，不是对存在者的概括，不能下定义，所以不能认识，而只能体验。幸福不是现成的，而是生成的，不是逻辑式的、分析式的，而只能是体验式的。它要依靠我们的直觉进行整体而综合性的把握。

所以说，幸福在于体验，而这种体验一定是美的，否则无法称为幸福。幸福的体验是一种美感，或者说，美感是一种幸福的体验。丑陋的事物，不可能让人感觉幸福。因为，生活之中，不可能存在一种丑陋而又让人幸福的快感。体验具有主体性、个体性、亲历性、真实性，以及非功利的特性。体验好像牛的反刍，它能够通过想象和回忆，把曾经经历过的美好时光，在内心深处重新回忆和品味一遍。体验其实就是生命体验，是对有限生命的反思，是跟生命活动密切相关的经历。体验是个体通过独特的亲历才能获得的对生命内在本质的把握，体验就是以身体之、以心验之。没有体验的幸福，只是一句空话而已。

体验是人认识世界、感知世界的一种认知方式。体验属于人文科学所探讨的问题，人文科学与自然科学有所不同，自然科学研究人的意识以外的对象，而人文科学则研究人的精神世界本身。在精神世界里，充满了情感、价值、目的等，这些都无法精确测量。人文科学以对生命的表达、体验和理解为核心，因此，体验是了解和认识现实世界的一种有效方法。体验就是把感性自我与生活世界融为一体，并在所有遇到的具体事件中，获得一种真切的感受。因此，我们通过体验，感知时代的脉搏，这与科学并不相同。科学是通过理智摘取最后的成果，而体验必然要与时俱进，在活生生的道路中，永远保持着与具体情境并驾齐驱的步伐。

美感是幸福的第一指标，幸福需要依靠美的体验来唤醒。幸福不是拥有了多少东西，而是在于体验到了多少快乐。与亲人在一起的欢乐，不是物质的，无法保留，而只能体验。天伦之乐，也是体验性的。金钱，是可知可感的财物，必然在于拥有。而幸福，无所不在，完全依靠体验。

要体验，就不必过多地考虑身体的方便与安逸。所以，亲身经历、亲自动手，可能比请人代劳，或用机器代替，更有实际意义。如今，我们越来越喜欢农家菜，越来越热衷手工制品。这当然是一种回归，然而，谁又能说，这不是追求诗意和远方呢？因为，通过我们自身的适当劳作而获得的农家菜和手工制品更贴近自然，能让我们回想起儿时的味道、岁月，从而体验到更多的美、更多的幸福。所以，许多人不辞劳苦从城里乘车到农村去锄草施肥、采摘蔬菜，然后又大包小包挤车回到家里，就是图个体验生活的快活。但是，我们很多人忽视了体验的快乐，以为越安逸越快乐，以至于吃东西都懒得花力气。长期以来，我们都习惯于这样理解生活，而这种观点又深刻地影响了儿童的成长。近年来，各地学校深刻意识到孩子们太缺少劳作，于是想方设法地引导他们参加各种各样的社会实践。现在，全国的在校小朋友一般都有研学一日游等活动，就是这个原因。当然，这类活动比20世纪盛行的劳动周中的各种亲身劳作，还是有些不同。其实，学生的亲身劳作、实际体验，还是很有必要的。

我们吃东西，还得用牙齿咬，然后慢慢嚼，这不是麻烦，而且为了享受更多的美味。例如，吃苹果就比单纯喝苹果汁要来得更爽快、更甜美。因为，吃苹果的口感，是喝果汁的口感所无法比拟的。毕竟，机械可以让生活更方便，但也有可能因此而减少了体验的快乐。同理，我们出门，可能还是步行最方便，最舒适，因为可以说走就走，说停就停，既没有停车的烦恼，也没有驾车的紧张，而且走路还可以增加有氧运动，提高身体素质。其实，老天赋予我们的感官，不是用来享受安逸的，而是用来享受生活、体验生活的。如果我们忽视了这一点，那么就等于放弃了应有的福利，等于自讨苦吃。我们都知道，美味的食物，未必会让我们的口中和心里获得快感。因为，要获得这种快感，那必须具备两个条件：一是亲自品尝。我们要吃东西，还得张嘴；这就好像鸡要吃虫子，还得用脚划拉几下。二是具备辨识的素养，才能够体验到其中的滋味。这就是匹配的原理，就好像有多大的盖子，才能盖多大的锅，否则盖子就难以发挥应有的作用。

　　体验也有层次之别。按照李泽厚划分的标准，它分为悦耳悦目、悦心悦意、悦志悦神等三个层次。真正的幸福是不仅得到了耳目的快感、心意的愉悦，还得到了神志的满足。其中，悦志悦神不仅停留在马斯洛所说的高峰体验阶段，而且还有更大超越，进入了庄子所说的"听之以气"的审美境界。这正如滕守尧的《审美心理描述》所说："审美快乐不仅多来自视、听等高级感官的感受，而且还要从这种感觉一直贯穿到心理结构的各个不同层次（如情感、想象、理解），这种贯通性，会使整个意识活跃起来，多种心理因素发生自由的相互作用，产生出一种既轻松自由、又深沉博大的快乐体验。"[1]这就是说，幸福作为一种审美快乐，它是多种心理因素相互作用而产生的快乐体验，这种审美体验与其他体验的心理结构明显不同。因为，非审美体验的心理结构并不是完全贯通的，各种器官之间存在着这样或那样的阻隔和障碍。而在审美体验之中，人的各种心理机能以情感为核心，被全面地、

[1]　滕守尧：《审美心理描述》，成都：四川人民出版社，1998年，第288页。

充分地调动起来，从而达到了高度的贯通与和谐。

　　生存是体验性的，而只有体验之后，才能有对生活本质的理解，从而获得心灵的自由和超越。杨春时在《美学》中说："在审美体验、理解和反思的过程中，获取了两个相关的审美本质的规定：自由和超越。自由是作为生存方式而言，超越是作为体验方式而言。生存是体验性的生存，自由必然由超越来界定。"[1]这种自由和超越，是"一种本真的生存状态，是对现实生存体验的局限的克服，从而达到对存在意义的领悟"[2]。在审美体验之时，我们暂时摆脱了工作的烦恼和生活的压力，随着我们心灵之所好，而随意地飞向远方。

　　作为中国人，我们更容易理解体验的含义。自古以来，我们都注重天伦之乐，并认真地体验。此外，我们也注重修身养性，从中获得道德之乐。这种体验内心的无私而诚之又诚的自我，就是一种美的体验和享受。我们讲究天人合一，就是一种审美的、艺术的理论。审美和艺术，都是主体把情感移情于万物，并使万物与自我融为一体，豁然贯通，当下即是。这与西方重思辨、重分析的路径迥然有异。方东美在《中国文化中之艺术精神》中说："西洋的哲学方法重思辨，重分析。中国的哲学方法重体验，重妙悟。艺术的胸襟是移情于对象与之冥合无间，忘我于物，即物即我的胸襟。艺术的意境之构成恒在一瞬，灵感之来稍纵即逝，文

---

① 杨春时：《美学》，北京：高等教育出版社，2004年，第41页。
② 杨春时：《美学》，北京：高等教育出版社，2004年，第44页。

章天成，妙手偶得。中国哲学方法上之体验在对此宇宙人生静观默识，意念与大化同流，于山峙川流鸟啼花笑中见宇宙生生不已之机，见我心与天地精神之往来。这正是艺术胸襟之极致。中国哲人之妙悟哲学上至高之原理，常有涵养功深、真积力久，而一旦豁然贯通，不得推证，不容分析，当下即是，转念即非。这正如艺术意境之构成，灵感之下临于一瞬。"①中国人重体验、重妙悟，在与天地精神往来的过程中，洞见宇宙生生之机，感悟自己与天地精神的往来，从而体验到无上的快乐。

　　总之，美感是上天赠给人类最好的礼物。审美体验是自己获得的最大喜悦，也是送给自己最好的礼物。

---

① 方东美：《生生之美》，北京：北京大学出版社，2009年，第1页。

审美必然存在共通感吗？

审美共通感，是康德美学的一个非常重要的范畴。所谓审美共通感，就是人们在审美之时所具有的先验的共通情感。

当然，对于审美活动中是否必然存在审美共通感这一问题，存在着两种相反的观点，而这两种观点都言之有理。因为，如果回答是肯定的，我们可用"人同此情，情同此理"来解释。如果回答是否定的，我们又可用"萝卜青菜，各有所爱"来证明。所以，说有说无，都是有道理的。其实，从触发情感的角度来看，人人都会对美动情，因而审美具有普遍性；但从判断是非的角度来看，审美又不一定具有普遍性，因为对美的评价可谓因人而异。

可见，对于审美共通感赞同与否，只是一个问题的两个方面。借用休谟的趣味理论，也可以得到充分的说明。休谟曾说："趣味的普遍原则是人性皆同的；如果不同的人作出不同的判断，一般总可在鉴别力的缺陷和败坏里找到根源，产生的原因可能是偏见，或缺乏训练，或不够敏感；最后终归还可以举出正当理由肯定一种趣味，否定另一种趣味。但如果内部结构和自然环境都截然不同，而双方又都没有毛病，因此没有抑此扬彼的根据；在这种情况下，一定程度的看法不同就无法避免，硬要找一种共同标准来协调相反的感受是不会有结果的。"① 休谟认为，审美趣味具有普遍的原则，如果有不同的判断，那也是心存偏见、缺少训练、不够敏感等造成的。当然，不同的气质或习俗等，也会产生不同的审美趣味。在这种情况下，审美趣味的普遍原则问题，就要另当别论了。可见，休谟既肯定在一定条件下审美共通感的存在，也承认不同的气质和习俗又会使审美共通感难以成立。因为，不同的气质和习俗会造成不同的视角，其结论当然不同。大致而言，西方人喜欢标准化，所以更注重审美共通感；而中国人喜欢随缘而起，所以既认可其存在的可能性，也否定其存在的必要性。

在西方人看来，鉴赏是一种认识能力，而认识中包含着情感和判断。所以，鉴赏是一种情感性的判断，但这种判断没有任何功利色彩。它对每个人都适用，具有主观普遍性，而并不要求客体具有普遍性。它不通过概念，而是通过情感来获得普遍性。康德在《判断力批判》中说："鉴赏判断必须具有一个主观性的原理，这原理只通过情感而不是通过概念，但仍然普遍有效地规定着何物令人愉快、何物令人不愉快。一个这样的原理却只能被视为一种共通感。"② 康德认为，人类具有共通的审美情感，这是先验存在的。康德从知识判断的普遍传达性，推导出认识能力的普

---

① 北京大学哲学系美学教研室编：《西方美学家论美和美感》，北京：商务印书馆，1980年，第112—113页。

② 康德：《判断力批判》，宗白华译，北京：商务印书馆，1985年，第76页。

遍传达性，再推导出心意状态的普遍传达性。他之所以如此，就是要摆脱经验性的心理学解释，从而获得先天普遍必然性的理论证据。

可见，康德既不是单从理性的角度，也不是单从心理学的角度来看待审美共通感，而是两相结合，并将审美共通感建立在先验的基础之上。审美共通感的发生既要有知性的参与，又要有想象力的自由活动。当知性与想象力达到协调的程度，即它们处于自由游戏里，审美才有可能发生。

康德审美共通感的提出，是总结和提升前人的理论而来。西方早期对于审美的普遍性问题已有论述。起初是神学，之后是心理学，都对此提出了相关的理论。柏拉图的迷狂说（也称灵魂回忆说）认为，沟通经验与超验，才能体验美的本身，这是审美共通感的雏形。其弟子亚里士多德则明确提出了共通感。后来，中世纪的托马斯·阿奎那进一步发挥了亚里士多德的共通感思想，把感觉分为外部感觉和内部感觉。18世纪以后，法国理性派和英国经验派都对共通感提出了自己的理论。法国理性主义者把共通感视为人类理性的一种"普通知性"。而英国经验主义者主要从心理和生理方面来探讨，但其思路并非感悟式的，而是采用知性思维方式，颇具科学主义的特点，很大程度上把心理活动视为机器的运转。大致说来，理性主义把审美与理性等同视之，而经验主义则重视心理学。在此基础上，理性派与经验派分别形成了独断论和怀疑论，这是科学主义两分法的产物。康德的审美共通感是理性与心理、客观与主观的调和，即采用审美四契机理论（其中，第二和第四契机本质上就是审美共通感）来论证，其论证的思路就是理性与心理的结合。理性是可以普遍传达的，因此，心理状态也是可以传达的。也就是说，情感是可以普遍传达的。

需要注意的是，康德的审美共通感与审美内外感官并不相同。审美共通感是就全体而言的，而审美内外感官是从个体来说的。

康德的审美共通感有两个特征：一是先验性。审美共通感先验地存在，这就像知识判断和道德判断一样，说明它具有普遍的必然性。哈奇森在《论美与德性观念的根源》中说："我们的审美的感官好像是经过设计造出来，使我们享受到断然是愉快的感觉，而不是断然是苦痛或嫌厌的感觉，这种苦痛或嫌厌不过是起于失望。"[1] 二是依靠知性。如果说，先验性只是一种假设，那么，依靠知性则可以对假设进行论证，证明审美共通感的客观存在。事实上，审美共通感与知识有关，与理性也有关。与知识有关，是因为想象力与知性和谐一致，它们才是游戏的，既符合自然的规律，也符合道德的自由，达到两者的和谐，主体才是审美的，才能产生愉悦感。与理性有关，是因为审美判断需要非决定性的概念，即超越感官的先验的纯粹理性概念，或说是无概念的概念性。

显然，康德的审美共通感与知性相连，这一点不太符合中国人的思维观念。因为，对于审美，我们并不视其为一种判断，而

---

[1]　哈奇森：《论美与德性观念的根源》，高乐田、黄文红、杨海军译，杭州：浙江大学出版社，2009年，第71页。

是一种妙感妙慧,即直觉。既然是直觉,就不一定非得依靠知性来论证。而且,每个人都有自己的爱好,也都有自己的审美标准、审美感受,这不是论证可以解决的问题。

对于康德的审美共通感,牟宗三就明确地提出了不同意见。牟宗三认为,审美活动中,并非一定需要审美共通感。他还举例说,看见一朵花很美,这哪里需要审美共通感?所以,审美共通感,以"共感"之理念为条件,"这亦不必要,且与'不依恃于任何概念'之义相违,故亦须另论"[1]。显然,牟宗三的理论也是有道理的。因为,康德一方面认为审美无关概念,另一方面又认为审美共通感是在知性伴随情感的作用下产生的。而知性本来就是关联着概念的,所以,这样就出现了逻辑上的矛盾。当然,审美共通感的理论也有其一定的合理性,因为,审美总是伴随情感的,这种情感毫无疑问是具有普遍性的,毕竟人是情境中生存的动物。作为人类,离开情感,一切无从谈起。所以说,对于审美共通感,如果从判断角度来看,难以让我们接受,但从情感角度来看,则是值得肯定的。

正是从这个角度来说,王阳明哲学思想的核心"良知"也是一种审美共通感。因为,良知是情感,而且具有先天性,属于能够"知善知恶"的内在感官,拥有不学而能的天赋智慧,它具有强烈的仁爱情怀,不考虑私利和利益。

良知以道德之善作为其原理,而审美共通感也是如此。康德

---

[1] 牟宗三:《康德:判断力之批判》,西安:西北大学出版社,2008年,第44页。

在《判断力批判》中说："在共通感觉这一名词之下人们必须理解为一个共同的感觉的理念，这就是一种评判机能的理念，这种评判机能在它的反思里顾及每个别人在思想里先验的表象样式，以便把他的判断似乎紧密地靠拢着全人类理性，并且由此逃避那个幻觉，这幻觉从主观的和人的诸条件——这些诸条件能够方便地被认为是客观的——对判断产生有害的影响。"[1]康德认为，共通感必须被理解为一种理念，它能够紧密地联系着全人类的理性，这样才能具有普遍性。其实，康德的这种理念，就是道德之善，这是审美共通感得以成立的根本原因。他主张"美是道德的象征"，其意义就在于此。

当然，需要说明的是，把王阳明与康德联系起来，还必须明确这么一点，即两者的道德理念是否具有一致性。答案当然是肯定的。对此，只要稍加解释即可。康德在《论优美感和崇高感》中说："真正的德行只能是植根于原则之上，这些原则越是普遍，则它们也就越崇高和越高贵。这些原则不是思辨的规律而是一种感觉的意识，它就活在每个人的胸中……如果我说它就是对人性之美和价值的感觉，那么我就概括了它的全部。……唯有当一个人使他自己的品性服从于如此之广博的品性的时候，我们善良的动机才能成比例地加以运用，并且会完成其为德行美的那种高贵的形态。"[2]康德认为，真正的德行根植于原则之上，这种原则不是

---

① 康德：《判断力批判》，宗白华译，北京：商务印书馆，1985年，第137—138页。
② 康德：《论优美感和崇高感》，何兆武译，北京：商务印书馆，2001年，第14页。

思辨的，而是感觉的意识，它就活在每个人的心中。这种德行具有善良的动机，体现人性之光辉。显然，康德所说的德行，就是王阳明主张的良知。因为，良知也是感觉的意识，活在每个人的胸中，表现具有天赋的善良人性。可见，王阳明与康德的理论在道德方面具有相同的价值内涵。

从审美人类学的观念来看，人类审美之所以能够互通，毫无疑问就是因为道德情感，因为，"美，说到最后，其是一种道德美而不是什么别的"①。这就是说，归根结底，美感其实就是道德感。换言之，道德是人类公认的审美共通感。据此，王阳明的良知说与康德的审美共通感理论，存在着相通之处，那就是，两者都以至善为其根本，而以美善为其内涵。换言之，都可以在情理统一、美善一体方面进行对接。其原因在于，良知是至善，是最高的道德感，表现为强烈的仁爱之情，具有普遍的必然性，所以，良知不仅是审美共通感，而且还是人类最高的审美共通感。

正因为如此，我们把王阳明的良知说与康德的审美共通感进行合理的融合，是完全可行的。王阳明倡导的良知首先是伦理的，其次是审美的。王阳明的美学是典型的儒学伦理美学，而康德提出的审美共通感，首先是审美的，其次是伦理的。康德主张实践理性是为人的根本，它高于纯粹理性。其实，伦理学与美学的相通，正印证了维特根斯坦在《逻辑哲学论》中所言："伦理学和美

---

① 康德：《论优美感和崇高感》，何兆武译，北京：商务印书馆，2001年，译序第11页。

学是一个东西。"① 这也表明了中西审美的相通性。普通之美只为一人一事而设，而大美才是为全人类普遍而设。大美当然要以最大的善心来观照，这就是说，大美要用良知来观照，只有良知才能成为全人类观照大美的原则。

良知，因为是情感的，所以是美的；因为是道德的，所以是共通的。而且，良知还是至善的，所以具有最高的共通性。众所周知，在最大的爱中，必然具有最大的美。这种爱来自于爱人之人，即良知之人。良知可以使人获得最大的魅力、最大的力量，这是任何自私自利、恶言恶行都无法阻挡和对抗的。哈奇森在《论美与德性观念的根源》中说："这也可以给我们揭示，德行高尚的爱中如何存在着无法匹敌的最大美。在被爱之人眼中，爱自身给爱人之人赋予了其他凡人不会更深切地感受到的美。这或许就是一切可能存在的魅力之中的最大魅力，它拥有最大的力量，这其中不存在来自世俗利益、恶行或粗俗堕落的行为的某种巨大对抗物。"② 良知是爱，饱含着无穷无尽的魅力，而在被爱人的眼中，它又能够开出美丽的花朵。

总之，良知，可以说是人类天生的内在感官，这种感官的所有内在节拍与外在世界的自然节律能够彼此契合，因为，心外无物、心外无理。世界本来就是万物一体的，所以，只要用心去感觉去谛听，就能够使万物与心灵一同明白起来。而且，心灵的内

① 维特根斯坦：《逻辑哲学论》，北京：商务印书馆，1985年，第95页。
② 哈奇森：《论美与德性观念的根源》，高乐田、黄文红、杨海军译，杭州：浙江大学出版社，2009年，第181页。

在节拍是欣赏万物之形状、颜色、声音、气息、温度等外在美的
必备条件。这就表明，心灵不美的人就无法真正地感知美和欣赏
美，并从中获得审美的愉悦。换言之，没有良知，任何人都是美
盲。相反，致良知，才能使自己成为一个名副其实的审美之人、
高尚之人。

动物能够审美吗？

动物没有美感，当然不能审美，它们的一切行为都是出于本能。否则，蛇为什么不进化出密集的牙齿？鸟儿为什么一颗牙齿也没有？蛇和鸟儿吃东西，是整个地吞下，不是仅仅为了果腹而已吗？假如它们也像人一样，决不会这样狼吞虎咽的，会细嚼慢咽，慢慢品味，这样可以增加味觉的美感。显然，蛇和鸟儿的各种行为，只是为了生存和繁衍而已，其他动物也是如此。

动物不能审美，原因有三。

第一，动物不会形成审美关系。审美是一种关系的存在。只有主体，没有客体，不成其为审美。同样，只有客体，而没有主体，也不称为审美。也就是说，主体与客体，主观性与客观性，要辩证地统一在一起，才能构成审美关系。只有在此基础上，美才会出现。然而，美也有其主观性与客观性的两面。无论从主观性，还是从客观性来说，美都是在与丑的对立和衬托中出现的。可见，事物之美有其客观性，这种客观性就是事物的属性，但仅有这一点，它还不足以构成美，还应当有人的外在与内在感官的协调作业，才能在主客一体关系中形成美。任何只顾及一个方面的理论都有所欠缺。例如，夏夫兹博里认为美是对象的客观性质，而哈奇森则认为美是人的主观反应的一种感性性质。[①]他们的理论都有道理，但都有偏颇。两者应当统一起来才全面、合理。柳宗元在《邕州柳中丞作马退山茅亭记》有言："美不自美，因人而彰。"美，不仅仅在于自身客观之美，还要通过人的主观意识的彰显，两者缺一不可，就是这个意思。

当然，在主客一体关系中，美是依靠人，而不是动物来进行彰显的。因为，动物不会与其他事物构成审美的关系。马克思、恩格斯在《德意志意识形态》中说，凡是某种关系存在的地方，这种关系都是为我而存在的，动物不与什么东西形成"关系"，而且根本没有"关系"，对于动物说来，它对他物的关系不是作为关系而存在的。相反的是，人与他物的关系，是作为关系而存在的，因为，人的本质就是社会关系的总和。而且，在社会关系中，人能够把自己与生命活动区别开来，并把这种生命活动视为一种意识中的对象，而动物则只有生命活动，而无所谓对象的存在。马克思在《1844年经济学哲学手稿》中说："动物和它的生命活动是直接同一的。动物不把自己同自己的生命活动区别开来，它就是这种生命活动。人则使自己的生命活动本身变成自己的意志和意识的对象。……有意识的生命活动把人同动物的生命活动直接区

---

① 拉尔夫·史密斯：《艺术感觉与美育》，滕守尧译，成都：四川人民出版社，1998年，第280页。

别开来。"①

　　第二，本能的快感不是美感。达尔文错误地把动物的生理反应与人类的审美心理活动等同起来，从而把审美降格为一种生物现象，这当然是难以让人接受的。其实，人类的生理反应是与精神活动联系在一起的，而动物只有生理反应，却没有精神活动。我们没有见到动物在食色本性之外还有更多的追求，它们确实对异性之美能够产生冲动，但那也只是本能而已。

　　审美作为一种伴随精神现象的活动，是只有人类才能拥有的能力，而动物则无法企及，毕竟，我们不能把本能的快感与美感混为一谈。康德把愉快分为三种：肉体的快感、审美的快感和善的快感。肉体的快感和善的快感都是有目的的，因为，前者有官能方面的利害感，后者有理性方面的利害感。而审美的快感是没有任何目的的，它不需要通过官能方面或理性方面的利害感来强迫我们去赞许。显然，动物还只是停留在肉体的快感层面，而没有超越性的愉悦。动物虽然有其存在的价值，但并不是为了美而存在的。它们虽然也装点了自然、美化了人间，但它们并不懂得美之为美的内涵和意义。它们最为关心的是生存，这与人类除了生存，还有更高的目标不同。人类有超越现实人生的追求，而这其中就包含着对于美的向往。

　　动物对于花香、花色，也有自己的感觉，但这种欣赏的感觉只停留在外在感官的基础之上，并没有内在感官与之相结合。所

① 马克思：《1844年经济学哲学手稿》，刘丕坤译，北京：人民出版社，1979年，第50页。

以，这些感觉还只是本能的反应，还不属于审美的层次。当然，我们也经常见到动物对于电视里的画面好奇、对于鲜花兴奋，甚至有人拍摄这方面的照片，把它们变成陶醉于美的样子。其实，这不是动物在审美，而是人按照自己审美的心态来观赏动物，并选择合适的角度，拍摄出了想要的照片而已。

我们知道，对色彩、声音反应迟钝的人，很难成为美术家和音乐家。动物无法欣赏对色彩和声音，当然不能审美。庄子所说的沉鱼落雁的典故，说明动物见到美女，不能跨界欣赏，不仅不能为之动情，反而惊恐地逃之夭夭了。而人不仅能够欣赏同类，还可以自由自在地跨界欣赏任何物种，这是任何动物都望尘莫及的。可以这么说，美是人类的发现，当然也应当为人类的精神提供滋养。美也是人类的创造，体现了人类的聪明才智，展现了人类特有的情致和财富。

第三，动物没有内在感官，无法识别物质中的形式，它只对物质本身感兴趣。夏夫兹博里说："如果动物因为是动物，它们自己只有感官（动物性的部分）……就不能认识和欣赏美，那么我们就会得出结论说：'人也不可能用这种感官或动物性的部分去体会美或者欣赏美。他所欣赏的美和善，全部都是用一种高贵的方法，借助于最高贵的东西，他的心灵和理性。'"① 夏夫兹博里认为，动物由于感官的限制，即只有外在感官，因而不能认识和欣赏美，而人能够借助比动物更高贵的感官，即心灵和理性，来认识和欣赏

---

① Shaftesbury. "Characteristicks of Men, Manners, Opinions", *Times*, 2001(2): p.237.

美。心灵和理性，是人类特有的内在感官。

　　众所周知，人的感官分为内在感官和外在感官。外在感官，即眼、耳、鼻、知、身等五官，它们只能接受简单的观念，获得微弱的快感；而内在感官或内感觉，是一种心灵的感官，可以感知美和道德。哈奇森在《论美与德性观念的根源》中说："我们知觉规则之美以及秩序与和谐的能力称为内在感官。"[①]内在感官是高级知觉感官，可以感受更加强大的快感，这种快感就叫审美快感。外在感官是感性的，而内在感官既是感性的，也是理性的，具有感知秩序、规则、和谐与美的能力，它比外在感官能够获得更多、更持久的幸福和快乐。虽然内外两种感官都能获得美感，但两者必须协调一致，才能产生美感。而且，审美的快感主要依靠内在感官，而不是外在感官。另外，美感中的内在感官比外在感官更重要、更强烈，从时间性、空间性、深度性和事物多样性等方面的把握都能够说明这一点。外在感官感知各种形状和颜色之后，内在感官再进行加工、统一，从而形成美感。

　　有不少学者认为，美不是事物的属性，美不在事物之中，美只是心灵的属性，是主观的产物。据此，他们得出结论：美无法通过外在感官感知，而只能通过内在感官加工外在感官所获得的信息而来。试问，事物的颜色、形状，难道不是事物的属性吗？当一眼就看出事物的鲜艳颜色、优美形状时，我们不也能够获得

---

① 哈奇森：《论美与德性观念的根源》，高乐田、黄文红、杨海军译，杭州：浙江大学出版社，2009年，第3页。

审美愉悦吗? 另外, 如果认为美只能通过内在感官感知, 这不等于割裂内在感官与外在感官的关联吗? 而内在感官与外在感官有明显的界限吗? 事实上, 内在感官与外在感官是一个整体, 就好像太极一样, 阳中有阴, 阴中有阳。阿恩海姆明确提出了人的心理感知是一个整体的理论, 这也是一个有力的证明。可见, 我们区分人的内在感官与外在感官, 主要是为了理解的方便, 而没有必要把二元对立的思想运用于心理感官的划分上面。

总之, 动物由于没有内在感官, 所以, 只是停留在外在感官的活动层面, 这纯粹是生理的自然反应, 不具备人类的审美能力。而且, 它们也不懂得如何与外物构成审美关系, 因而不会审美, 也不可能从中获得审美愉悦。

听之以耳，听之以心，听之以气

听之以耳，听之以心，听之以气，这种说法出自《庄子》。虽然庄子原本是谈论修养的问题，但把它视为一种美学理论，也未尝不可。《庄子·人间世》曰："回曰：'敢问心斋。'仲尼曰：'若一志。无听之以耳，而听之以心，无听之以心，而听之以气。所止于耳，心止于符。气也者，虚而待物者也。唯道集虚。虚者，心斋也。'"庄子这里所说的"无听之以耳，而听之以心，无听之以心，而听之以气"，其意思是说，不要用自己的耳朵去感受，而要用自己的心灵去领悟；不要用自己的心灵去领悟，而要用自己的生命去感应。

庄子所说"听之"的三个阶段，依次是感受、领悟和感应，这其中包含丰富的美学内涵。

第一，庄子的三个"听之"，如果从审美体验的层次来看，大致分别对应李泽厚所主张的审美的三个层次：悦耳悦目、悦心悦意、悦志悦神。所谓听之以耳，就是以我们的生理感官，包括眼耳鼻舌身等五官，去感受各种美的事物；听之以心，就是用我们

的内在感官，即情意、心灵去领悟美的内涵；而听之以气，就是
用我们的生命去感应万物，保持与万物合拍，这一层次属于审美
体验的最高境界。

第二，庄子的三个"听之"，也可以简单地划分为两个层次，
其中，听之以耳，属于身赏，而听之以心、听之以气则是心赏。
对于心赏，冯友兰有深刻的论述，他在《三松堂全集》中说："哲
学是对事物的心观，艺术是对事物的心赏或心玩。心观只是观，
所以纯是理智的；心赏或心玩则带有情感。"[1]在这里，冯友兰提出
"心赏"一说，并认为心赏是带有情感的把玩和鉴赏。后来，学者
们借鉴冯友兰的理论，又提出了纯属身体欣赏的"身赏"之说。
所以，如今的学术界把审美划分为心赏和身赏。两者都可以获得
审美愉悦，但是，心赏注重内在感官之审美，而身赏则注重外在
感官之审美。

说到审美的内外感官，西方文化更注重外在感官，而我国文
化则更注重内在感官，这也就是"收"与"放"的差异。中国审
美讲究收敛身心，主张收视反听。这里的"听"，当然是向内之
"听"，而对外则是不视不听。这种不视不听，不受外物之干扰，
主要是为了吸收天地之元气、宇宙之精华。相反的是，西方审美
讲究狂放，追求个性的解放，主张释放个人的能量；正因为如此，
他们要放眼审视，放纵欲望，并把目光投向外在的世界。另外，
与古人相比，现今人们更注重外在感官的享受，而不太重视内在

---

① 冯友兰：《三松堂全集》第4卷，郑州：河南人民出版社，1986年，第167页。

的感官的愉悦。

　　第三，庄子的三个"听之"，还涉及内外感官，以及超越感官的审美。听之以耳、听之以心，分别对应外在感官、内在感官，而听之以气则已经超越了内外感官，意味着达到了虚静的心境，以一种以物观物的态度，达到了天人合一、物我交融的境界。显然，"以物观物"与"以我观物"两者并不相同。所谓"以物观物"，就是放空心灵，感应万物。所谓"以我观物"，只是停留在内在感官与外在感官的运用层面。因为，只有"我"才能有内在与外在的感官，而"物"则无所谓内在、外在感官之说。从这个角度来说，西方人只停留在"以我观物"的阶段，而我国文化中则有"以物观物"的境界。

　　庄子所说的"听之以气"，就是"以我观物"，即化己为物式的观物，也就是审美的观照。这种观照消融了物我之间的界限，超越了个体的感受，虚怀任物，用心若镜，不将不迎，顺其自然，在审美上属于超共感的共感、超想象的想象。徐复观在《中国艺术精神》中说："庄子以虚静为体的人性的自觉，实将天地万物涵于自己生命之内，以与天地万物直接照面，这是超共感的共感，共感到己化为物的物化；是超想象的想象，想象到'物物者与物无际'（《知北游》）的无所用其想象的想象。"[1]庄子的这种观照，与陆九渊所说的"吾心便是宇宙，宇宙便是吾心"，同属于审美的最高境界。

---

[1]　徐复观：《中国艺术精神》，武汉：湖北人民出版社，2009年，第82页。

　　需要特别强调的是，"听之以气"之"气"，就是空灵澄澈的生命，既为人所拥有，也为物所拥有。这种生命是宇宙的生命，呈现出"虚无"的特点，所谓虚而待物者也。所以，"听之以气"也就意味着进入了天人合一的境界。对于这种审美感受，从西方的理论来看，可以借用威廉·詹姆士在《宗教经验之种种——人性之研究》中引用的施门慈的一段话来理解："当这种心境来临之时，找不到语言来说明白。平常意识的这些条件减除越多，这种意识就越强烈。最后，毫无剩余，只是一种纯粹的、抽象的自我。宇宙变成了无形式并无内容的东西。"①在这种情境中，宇宙一无所剩，只有纯粹的自我，与自然合为一体。所以，他感觉到"他在那顷刻与真理合一"②。对此，用佛家的话来说，就是《金刚经》中的"见如来"，即见到了本心、真如。

　　上面所引施门慈的"与真理合一"的体验，类似于马斯洛所说的"高峰体验"。马斯洛在《自我实现的人——关于心理健康的研究》中说："高峰体验只能是善的，是人们求之不得的，从来不会被体验成恶的和人们不希求的。……人们都怀着敬畏、惊奇、诧异、谦卑甚至崇敬、兴奋和虔诚的心情来对它作出反应。'神圣'一词间或也用来描绘一个人对这种体验的反应。它在存在的意义

---

① 威廉·詹姆士：《宗教经验之种种——人性之研究》，唐钺译，北京：商务印书馆，2002年，第381页。

② 威廉·詹姆士：《宗教经验之种种——人性之研究》，唐钺译，北京：商务印书馆，2002年，第383页。

上是愉悦的和'娱人的'。"[①]这种娱人的感受，好像使自身融入了一首和声歌曲，感觉与天地自然合为一体，进入了天人境界。

事实上，整个宇宙都是一个生命体，彼此息息相通，而各种生命都通过"气"联系在一起，因此，我们要以心斋的态度，抛弃各种杂念，屏息凝神，借助气息的流转，去感知万物的节律，体验其中的美妙。这样，就是以我们的生命去感应自然万物的生命，从而达到心与物游、心物交流、心物交感的境界，从而享受无穷的快乐。这种快乐，也就是宗炳在《画山水序》中所说的"畅神而已"[②]的满足。对此，无论是艺术家，还是审美者，只要对生命的本质有所领悟，就能真切地感受到这种满足。

---

① 马斯洛：《自我实现的人——关于心理健康的研究》，许金声、刘锋 等译，北京：生活·读书·新知三联书店，1987年，第290页。
② 沈子丞编：《历代论画名著汇编》，台北：世界书局，1984年，第15页。

天生"丽"质难自弃

请问，你是想成为鲜花呢，还是想成为赏花的人？我会说，我想成为鲜花，但我更希望成为赏花的人。

你是想自己成为美人呢，还是想整天见到美人？我会说，我想自己是美人，但我更希望整天见到美人。

对于这样的答案，应当是英雄所见略同吧，因为，美就是光。这种光来自人，也来自物，而最后是在欣赏者的眼睛里闪耀。这就是说，所谓美，与其说是外物闪耀出来的光，还不如说是自己内心投射出来的光。其实，真正懂得生活的人，满眼都是春光。所以，真正懂得美的人，不是自身有多美，而在于能够发现身边的美。可见，长得美丽固然值得自豪，而能够欣赏美丽则更应当感到骄傲。这正如毕达哥拉斯所说："生活就像是一场体育比赛，有些人是摔跤手，另外一些人是小贩，而最好的却是观赏者。"[1]这就意味着，成为杨贵妃一样的美女固然幸运，但能够欣赏美女，也同样值得庆幸。

---

[1] 拉尔夫·史密斯：《艺术感觉与美育》，滕守尧译，成都：四川人民出版社，1998年，第277页。

　　众所周知，美是一种审美关系的产物。天生丽质、如花似玉，固然是上天的眷顾。但是，如果换一个角度来看，这个丽质之"丽"，为什么不可以是审美眼光之"丽"呢？因为，任何一种美都是由于物我关系而形成的。刘纲纪在《艺术哲学》中说："美绝不是一个超人类的独立自在的物质实体，而是人类生活的实践创造的产物，是人类个性才能自由发展现实的感性的表现，所以在我们对美的感知中，对象和我们的情总是处在一种不可分离的状态，以致使我们感到对象即是我，我即是对象。"①这就是说，美是人类生活的产物，而不是超脱人类而独立存在的物质实体。美就是对象与情感的统一，在这个交汇之处，对象就是我们自己，而我们自己也就是对象。

　　可见，美之所以成为美，不仅在于事物的本身，还在于欣赏者的眼光。对于没有审美眼光的人来说，再美的景色也毫无意义，这就好像对于没有乐感的人，再美的音乐，对他而言也毫无意义一样。马克思在《1844年经济学哲学手稿》中说："只有音乐才能激起人的音乐感；对于没有音乐感的耳朵说来，最美的音乐也毫无意义，音乐对它说来不是对象，因为我的对象只能是我的一种本质力量的确证。"②

　　所以说，美女之所以美，不仅因为她本人美，而且还有相匹配的欣赏者的眼光。花朵之所以美，不仅是因为它本身美，而且

---

① 刘纲纪：《艺术哲学》，武汉：湖北人民出版社，1986年，第451页。
② 马克思：《1844年经济学哲学手稿》，刘丕坤译，北京：人民出版社，1979年，第79页。

还有我们的欣赏和喜欢。柳宗元在《邕州柳中丞作马退山茅亭记》中有言："美不自美，因人而彰。兰亭也，不遭右军，则清湍修竹，芜没于空山矣。"这就是说，美也要靠人的欣赏才会产生。美女的价值，也在于别人的妙悟之中。古人所说的，"士为知己者死，女为悦己者容"，也正说明了这个道理。所以说，充当美人，或者是美的事物，固然是一种幸福，但是充当欣赏者，不也是一种幸福吗？如果你不仅能够欣赏美，而且还得到了老天的恩赐，拥有一双慧眼，能够在日常生活之中，发现美，甚至领悟到无与伦比之美，那么，你也拥有了天生"丽"质中的"丽"质了。

当然，欣赏美貌的丽质是天生的，更是后天修养与学习得来的。因为，慧眼之丽、慧眼之质，不仅要有这个情怀，还要有这个心态。只有如此，才能静心地、心满意足地驻足观赏。而修养与学习，可以提高我们的品位。一个人修养越高，那么，他对世界的感知、理解就越多，也越丰富和深入。因为，世界只不过是眼中的世界、心灵的影像而已，或者说，都是意义的体现。纯粹的世界是没有的，我们所看到的世界，之所以是五颜六色、多姿多彩，都是因我们心灵的投影。冯友兰在《新原人》中说："境界有高低。此所谓高低的分别，是以至某种境界所需要的人的觉解的多少为标准。其需要觉解多者，其境界高；其需要觉解少者，其境界低。"①所以说，美的分值，虽然是人与事物的自身之事，也是观赏者水平高低的体现。换言之，观赏者眼光的高低，决定了

---

① 冯友兰：《三松堂全集》第4卷，郑州：河南人民出版社，1986年，第501页。

观赏者心中所体现的美感的高低，或者说是，体现了对象之美的层次。所以，与其描眉画目、浓妆艳抹，想方设法地打扮自己，还不如提高自己的审美能力与审美情趣。这当然并不否定装饰自己的价值，只是也要多从审美的心态来看待世界，提升生活的质量。

人生的幸福，不仅来自物质，而且来自精神；不仅有吃喝玩乐、游山玩水的愉悦，还有审美欣赏的快乐。所以，处处留心，欣赏美人、美景，也是一种幸福。

当然，美人不仅是电影电视中的明星，更是生活之中与我们朝夕相处、常常照面的普通人。只要我们真心实意地欣赏，就能够看到别人发现不了的光彩。所以，你在感叹自己容貌不尽如人意之时，换一个视角，把目光从自己的身上投向周围之人，或者是周围之物，你的心境必将有意想不到的变化。

总而言之，拥有花容月貌固然值得欣慰，但是，拥有审美的眼睛，不也可以激动得手之舞之、足之蹈之，自我陶醉吗？这样的心理感受，我们都似曾相识、了如指掌，不是吗？我们曾经多少次，站在美女旁边，细细体验着美。此时，你是希望自己美呢，还是希望你的爱人更美？我想，现在你已经找到了最好的答案了。

演唱《大花轿》的火风，美吗，帅吗？他当然不属于帅哥。但是，他唱这首歌的时候，感觉自己抱得美人归，洋洋自得，喜不自禁，也让人羡慕不已。试问他心里美什么，还不是因为欣赏到了美女，而且想象自己把她抱上了花轿。如果不信，且让我们一边品读，一边体会其中的滋味吧。

太阳出来我爬山坡，
爬到了山顶我想唱歌。
歌声飘给我妹妹听啊，
听到我歌声她笑呵呵。
春天里那个百花鲜，
我和那妹妹呀把手牵。
又到了山顶我走一遍呐，
看到了满山的红杜鹃。
我嘴里头笑的是呦啊呦啊呦，
我心里头美的是哪个哩个啷。
妹妹她不说话只看着我来笑啊，
我知道她等我的大花轿。
我嘴里头笑的是呦啊呦啊呦，
我心里头美的是哪个哩个啷，
妹妹她不说话只看着我来笑啊。
我知道她等我来抱一抱，
抱一抱那个抱一抱，
抱着那个月亮它笑弯了腰，
抱一抱那个抱一抱，
抱着我那妹妹呀上花轿！

成人一定比儿童更懂"事"吗？

　　一说到儿童，我们一般都会感觉他们很幼稚。是的，他们在人生阅历上，确实如此。但是，他们在审视世界的生动性方面，却未必比成人要逊色，不是吗？如果我们看看他们的绘画，就不免要感叹不已。他们在绘画中所表现的那种朴拙、童稚之趣，恐怕成人比不上，所以，我们能说成人一定就比儿童更了解这个世界吗？

　　其实，儿童观察世界的角度与成年人并不一样。他们的表现性感知相当敏锐，往往要强于成人。所谓表现性感知，就是指人所具有的对于事物所具有的表现性、表情性的感知能力。事实上，儿童往往把自然万物都看成是活的，有生命、有情感的。在他们心中，万物都会表达情感。所以，他们会跟小树木、小动物讲话，或者认为万物都可亲可爱，这是自然而然的事情。所以，李白在《古朗月行》有言："小时不识月，呼作白玉盘。又疑瑶台镜，飞在青云端。"正因为生动地反映了儿童的天真，这首诗才流传千古。类似的还有骆宾王7岁时创作的《咏鹅》："鹅，鹅，鹅，曲项向天歌。白毛浮绿水，红掌拨清波。"这诗也充满了童趣，让人回味无穷。相反，成人由于受到了过多的理论教育，特别是当今的科学教育，往往会把万物视为一种客观的对象，而不太会把万物与人的情感联系在一起，所以其表现性感知和儿童相比有所下降。阿恩海姆在《艺术与视知觉》中说："表现性在人的知觉活动中所占的优先地位，在成年人当中已有所下降，这也许是过多的科学教育的结果，但在儿童和原始人当中，却一直稳固地保留着。按照维尔纳和柯勒收集的资料，儿童和原始人在描述一座山岭时，往往把它说成是温和可亲的或狰狞可怕的；即使在描述一条搭在椅背上的毛巾时，也把它说成是苦恼的、悲哀的或劳累不堪的等等。"①

阿恩海姆所说的表现性感知，在美学上大致就是我们古人所说的童心、赤子之心。其实，现代社会之人，往往缺少一颗童心。

其一，童心，是不受世俗熏染之心，是无功利的，如原始人一样，保持了无限的纯洁。而无功利的念头，也有利于激发审美知觉。这就是说，审美知觉在儿童和原始人中往往占有很大的优势，但在成年人或现代人那里却日趋消退了。因为成年人和现代人往往运用理性或概念来判断事物，所以也就不可避免地带有功利的色彩。他们看东西时，还没有对事物的外观细细品味，就被功利之心所驱使，从而对事物进行理性的分类。这样一来，我们

---

① 阿恩海姆：《艺术与视知觉》，滕守尧、朱疆源译，成都：四川人民出版社，1998年，第614—615页。

对事物的表现性感知，往往还不如一个儿童或原始人。成人经过了许多世事，看问题不免会戴上有色眼镜。因而，眼光也就变得非常世俗，往往为钱财、地位之类的问题所纠缠，从而难以发现事物之美。

　　其二，童心是直觉的，而直觉也能够发现真理。陶渊明在《饮酒·其五》中所说的"此中有真意，欲辨已忘言"，就是通过直觉领悟了生活之真。因为，真理是无蔽的、敞开的、存在性的。真理也是经验的、活生生的。逻辑推理对真理的认知是有限度的。直觉所揭示的经验中的真理，往往才是真理本来的面目。海德格尔在《艺术作品的本源》中说："长期以来，真理便意味着知识与事实的符合一致。"[①]人们往往"把真理理解为正确性"[②]，其实，在海德格尔看来，真理即"无蔽（即存在）"[③]，需要直觉来感悟。

　　所以，把月亮视为白玉盘、瑶台镜，并不表明幼稚无知，而把月亮视为一颗绕着太阳运转并反射太阳光的卫星，也并不代表有多高明。事实上，把月亮视为玉盘，是审美，而探索月亮体积之类的问题，是科学。审美就是愚蠢，科学就是聪明吗？这种评价标准是公正的吗？其实，这要看从什么方面来衡量。海德格尔在《艺术作品的本源》中说："对于由西方决定的世界来说，存在者成了现实之物；在存在者作为现实之物而存在的方式中，隐蔽着

①　海德格尔：《海德格尔选集》，孙周兴编译，上海：上海三联书店，1996年，第272页。
②　海德格尔：《海德格尔选集》，孙周兴编译，上海：上海三联书店，1996年，第272页。
③　海德格尔：《海德格尔选集》，孙周兴编译，上海：上海三联书店，1996年，第272页。

美和真理的一种奇特的合流。"①这是说,存在者不仅仅是一个现实之物,而是一个"在此"之物,它本身就一直处于一种存在状态之中。"在此",说明了真理不是主客相符的形而上学的解释,而是在源头之处去蔽澄明之境的敞开。在存在状态之中,隐藏着美和真理的合流。换言之,在万物的存在状态中,美与真理都同时隐藏其中。海德格尔在《论真理的本质》中认为,真理的本质就是本质(或者称"在场")的真理。

儿童以直觉观照万物时,往往处于无我、忘我的状态。这时,他们能够以物观物,所以能够表现万物之灵气、生机。苏轼在《书晁补之所藏与可画竹三首·其一》有言:"与可画竹时,见竹不见人。岂独不见人,嗒然遗其身。其身与竹化,无穷出清新。庄周世无有,谁知此凝神。"

其三,对生命不期而然的理解。儿童追求简洁,往往能够通过简化的手法,突出事物的本质,他们画画时能够把最有活力的一面展现出来。他们可以把青山渲染成红彤彤的一片,可以把鱼儿描绘得能言善辩。可见,他们的眼睛充满了生机。在他们看来,世界就是情感的,生机活现的。草木有情,山水含笑,整个世界没有污染、没有争吵,一片祥和,每个人欢欣鼓舞、喜气洋洋。这种视角把握了生命,也就是把握了生活的真谛,这或许是无生命温度的唯科学主义者所无法相提并论的。牟宗三在《生命的学问》中说:"人只知以科学言词、科学程序所得的

---

① 海德格尔:《海德格尔选集》,孙周兴编译,上海:上海三联书店,1996年,第302页。

外延真理（extensionaltruth）为真理，而不知生命处的内容真理（intensionaltruth）为真理。所以生命外无学问、无真理，只是盲爽发狂之冲动而已。心思愈只注意外在的对象，零零碎碎的外在材料，自家生命就愈四分五裂，盲爽发狂，而陷于漆黑一团之境。在这样的生命状态下，我们凭什么要求科学？"①科学是研究生命中的事情，我们自然应当依靠生命学问来扩充其内容。这也就意味着，我们在提升科学水平的同时，不能忽视对于事物表现性的知觉能力。作为成年人，虽然年龄的增长会导致表现性感知能力的逐渐下降，但是，我们还是得时时找回童心，恢复天性。这种天性蕴含着潜在的能量，能够激发我们原本的、终极的生命体验。

　　如今，我们经常听到"不忘初心，牢记使命"的宣传。其实，"不忘初心"也可以理解为不忘童心，不忘光明之心、赤子之心。对此，古人早有先见之明，王阳明要求我们致良知，保持光明之心，后来，李贽又主张童心说。这都是要求我们不要受到外物的干扰，让赤子之心永远纯净如初。也就是说，我们要多向儿童学习，永葆初心，用辛苦的汗水去创新美好的生活，用无邪的眼光发现生活的美好。孔子曰："思无邪。"（《论语·为政》）孔子的这种理论，在审美上至今仍然具有现实意义，能够给予我们深刻的启迪。

---

① 牟宗三：《生命的学问》，桂林：广西师范大学出版社，2005年，第33页。

平房与高楼

时代的变化日新月异，让人惊讶。处于不同时期的人，生活的方式迥然不同。如果说，过去的人是在平处过日子，那么，现在的人则是在高处求生存。在高处求生存，大多是住在高楼里；在平处过日子，一般是住在平房里。在高处求生存，往往是把未来的钱用在今天；而在平处过日子，一般是把今天的钱留给未来。所以，平房与高楼，不仅是生活空间的转换，其实还是思想观念的改变。

住平房的时代，每个人的童年都是热闹而快乐的，因为有许许多多的玩伴，一起可以玩耍，玩树枝、玩沙子、斗草、斗蟋蟀、滚铁环、打陀螺、跳房子、捉迷藏，等等。李白的《长干行》曰："郎骑竹马来，绕床弄青梅。同居长干里，两小无嫌猜。"青梅竹马、两小无猜的岁月记载了童年多少欢乐，这样的生活方式，传承千年。以前，小朋友可以从早玩到晚，连吃饭都要父母来叫。那时，少有作业，也少有为考试而操心。小朋友在邻居和朋友环绕中长大，以同龄人为伙伴，而不是用手机来陪伴，也不是以宠物为玩伴。他们在各种喜庆的声声爆竹中长大，赶集市、闹新房、生儿育女、建房乔迁、走亲访友，诸如此类，生活好不热闹。

如今，小朋友几乎整天都在读书学习，早出晚归，回家也要继续做作业，一直到很晚才能上床，所以，睡眠严重不足，甚至周末两天也没有片刻休闲。不少小朋友一到周末，就要穿梭于大街小巷，为的是参加各种培训班，美术、音乐等辅导班真是五花八门、应有尽有。因此，小朋友为作业苦恼不已，但也无可奈何。家长们对此也非常上心，毫不手软，不断敦促小朋友做功课，为的是让他们保质保量地完成家庭作业，不受老师的批评。在这样的环境中，小朋友几乎没有时间玩耍，只有电脑、宠物，以及每天做不完的各种作业。

对于成年人而言，面对的也是孤单的生活。即便门对门、户对户也很少往来，所以，空旷的房间只能产生孤单冷落。时间一长，必然要寻求精神的慰藉。试想，在高楼大厦之中，一个人长期孤单地生活，最需要的是什么？毫无疑问就是陪伴了。

事实上，在四合院、大宅院或者其他样式的平房之中，一家人，甚至是一族人，交往频繁，亲情的重要性也就凸显出来。在这样的伦理社会中，爱情必然要让位于婚姻。所以，古人重视的是婚姻，而不是爱情，其原因与居住环境密不可分。因为，婚姻涉及的社会面更广泛，上至祖父祖母，下至儿子孙子、侄子侄女，无不与此息息相关。与此不同的是，爱情基本上是两个年轻人之间的事情，它不允许，也不希望其他人的干涉。当他们缠缠绵绵、如胶似漆之际，恨不得整个世界就只有他们两个人而已。对于婚姻与爱情的差异，文学作品中也有着精彩的描述。例如，《红楼梦》就是这方面的典范，宝玉与黛玉两个人追求的是爱情，而贾府里的长辈希望他们有合理的婚姻。这样，冲突不可避免，悲剧也就自然而然产生了。

平房往往都是木质结构，而高楼往往是砖头或水泥建造的。木质结构的平房，没有太多防御的功能，却到处都是艺术，就连户外的门窗都雕刻了精美的图案，真是把艺术运用到了每个角落。每当看到那些木制窗户、大门，真是让人感叹。如果人心不古，小偷频频光顾，殷实之家怎么生活？所以，在平房中生活的人，一般也比较纯朴，这是几千年历史的证明。否则，古人怎么生存？富人怎么放心去聘请仆人？高楼的建筑情形则完全不一样，它通过砖头、水泥，把彼此分隔得清清楚楚，每家每户都用"铁将军"牢牢地锁着大门，确保安全，万无一失。平房适合族群生活，不可避免要抬头不见低头见。高楼适合独立生存，彼此互不叨扰、互不干涉，一切都按规矩办事。

作为居室，平房好呢，还是高楼更好？对此，当然是见仁见智。但是，如果从美育的角度来看，还是平房更好。

平房中，邻里交往频繁，而高楼之中，整天也难以见到一个人影，他们总是以电脑、手机为伴而已，形单影只，都好像装在套子里一样地生活。平房让我们每天见面，彼此照顾。这样，人与人之间的关系更亲密。古人常说，远亲不如近邻，也是基于平房生活而来的。

　　想当年，我们祖祖辈辈都是以青砖碧瓦的平房为主要居室。每家每户都是大门敞开，卧室门也不关，邻居可以随便出入，彼此也没有太多的芥蒂。他们都知道，只要和睦，人人彬彬有礼、修身养性，就能组成一个美好、和谐的大家庭、大家族。于是，在相亲相爱的氛围中，小孩或者年轻人都受到了教育，可以茁壮地成长。正是因为这样的生活，所以，古人才留下了许多"里仁为美"（《论语·里仁》）的佳话。遥想当年，孟母三迁，为的就是择善而居。

　　在和睦的关系之下，逢年过节，邻居之间，有美味佳肴，或者美酒佳酿，都可以相互吆喝，聚在一起，大快朵颐。古人曰："草草杯盘供笑话，昏昏灯火话平生。"这种平淡而有趣的生活，何乐不为？况且，在酒酣耳热之际，可以纵论天下，忘怀自己的得失，所谓"古今多少事，都付笑谈中"。

　　如今，高楼让我们的生活更方便，但也无形之间拉开了彼此的距离。所以，就算每天见面，仍然是陌路之人。即使是门对门，户对户，也不知道对方的生活情况，更不用说了解对方的私事。这样，彼此没有联系，也没有办法照顾对方。高楼让彼此都保持行动的自由，但也增加了彼此的疏离感。

　　以前向往高楼大厦的生活，现在回过头来，真有一种欲说还休的滋味。

　　以前觉得农村不好，现在经过了孤单的城市生活，深刻体会到了工作繁忙、节奏加快的烦恼，就再也没有把农村视为贫穷落后的想法了，反而感觉城里人比农村人更悲苦，感觉自己就是水泥森林里的蚂蚁一般。每天过马路，左顾右盼、小心翼翼，以求平安健康。所以，许多在城里长大的小孩，尽管外表光鲜，但未必就比农村长大的小孩更幸福。因为，许多城里人追求事业的成功，根本无暇顾及自己的小孩。身为父母，他们尽管把宝宝当个宝，却心有余而力不足，不能把握宝宝的成长关键期。想想这样的经历，城里人的童年，是幸福呢，还是一种遗憾？

毕竟，生活在高楼大厦里的人，自我防范意思相当强，总是"事不关己高高挂起"，有时很难理解生活在平房中的人的纯朴思想观念。例如，现在不少年轻人认为，雷锋是一个虚构的人物，是故意编造出来，让别人来学习的。他们之所以认为雷锋是虚假的，是因为他们生活在追捧影视明星的时代氛围之中，无法理解英雄崇拜的时代精神。如果他们不相信这一点，只要从20世纪六七十年代以绿色为流行色，年轻人拍照喜欢展现军人的风采，并以此为美，且乐此不疲，就可见一斑了。

因此，如果有机会，我希望再住一次平房，再感觉一下邻里的热闹、生活的情趣。

伦理与契约

不少人认为，伦理社会不如契约社会先进、文明，这种观点值得商榷。我国社会至今仍然是一个伦理型的社会，虽然契约精神越来越常见，但传统的伦理情怀还是非常普遍的。

每逢节假日，我们常常可以三五成群地结伴而行，逛庙会，赶集，玩赏美食一条街。然后与熟人聊聊天，有空的话，聚在一起，小酌几盅，何乐不为？所以，每当漫步在大街小巷，你都很容易看到一群人围着饭桌，笑语喧哗。试想，没有彼此相聚的愿望，怎么能有酒席上的欢歌畅饮？我们喜欢美食，喜欢聚餐，与国人热爱热闹，讲究亲情伦理有密切的关系。如果都是独来独往，还用得着酒席吗，还用得着聚餐吗？大家各自点个外卖也就可以了。

如今，虽然我们可以随时通过电话、微信、QQ等方式联系到天南海北的朋友，但生活环境不同，彼此没有太多的共同话题。虽然联系方便了，但促膝谈心却已经很少了。所以，我们要留住乡愁，留住伦理，这也是我们优秀传统文化赖以存在的根基。没有我们曾经熟悉的老爷爷、老奶奶，还能有多少值得回忆的童年？正是有那些看着我们长大的熟悉身影的存在，我们才可以随时到故乡走一走，看一看。当你奔波于繁华的街市的时候，还能想起那首感人肺腑的歌曲《父老乡亲》吗？如果仔细品味，你也许又会禁不住潸然泪下，因为，这首歌曲可以勾起我们对长辈的深情怀念。

伦理是血缘的延伸，所以，伦理社会非常讲究人情。在人情中，我们也懂得温暖，懂得真情的回报。这些亲情中承载着我们祖祖辈辈的喜怒哀乐，有咿咿呀呀的呼唤，有蹒跚学步的可爱，有团团圆圆的闲聊，也有叨叨唠唠的教诲，还有语重心长的叮咛。而所有这一切的一切，都给了我们一份记忆，时时温暖我们的心房，所以，这是爱的陪伴、美的教育。在这种陪伴与教育中，我们一代又一代地成长，一代又一代地传承。中华文明之所以长盛不衰，绵延至今，这种伦理性美育精神的教化，居功甚伟。

伦理当然有其不可忽视的弊端。但是，伦理也有其不可估量的价值，尤其在美育方面，更是如此。

伦理社会中，尊老爱幼、相亲相爱。抬头不见低头见，到处都是熟人，促使我们修身养性，提升自我、完善自我。

尊师重教，也是伦理社会的产物。如果是契约社会，每个学生都以经济来衡量，哪有太多对师长的尊敬？因为，尊敬师长本来就是一种天然的情感，在契约社会中，受到契约观念的冲击，还有多少情感的因素？没有了情感，还指望发自内心的真正地尊师重教吗？

　　此外，正因为伦理关系，在一个人遇到困难之际，或遇到麻烦之时，可以向身边的亲友寻求帮助，而不必考虑太多，因为，在亲友之间，相互帮助往往不必考虑报酬或利息。

　　西方人认为契约体现社会的进步，这是基于他们生活状况而提出的理论。且不说此是否正确，真正落实到现实之中，也会产生许多无法克服的棘手问题。是的，在契约社会，任何交往都可以体现在白纸黑字上，立字为凭，以做担保。在冷冰冰的字据面前，彼此都戴上面具，互不寒暄，互不相欠，交集之后各奔前程。试想，这样的社会，人与人之间除了提防，还有什么？别人的事情与我无关，我不去凑热闹，也不去干涉别人，当然，别人也不要来干扰我的生活。每个人都拼命地工作，玩命地追赶，希望出人头地，所以，大家都因为事业而忘记了亲情。但是，我们想到没有，在没有亲情的社会，你又能够看到多少人世间的温情？

　　所以，伦理社会也值得珍惜。因为，街坊邻里之间，有点喜事可以分享，有些烦恼可以分担。平日里，你知道哪家姑娘要嫁人了，可以讨个吉利，分享喜糖，一睹新娘的芳容。你也知道哪家小孩考上了大学，全家人正欢天喜地、喜气洋洋，你也可以去凑凑热闹，拉一拉家常，享受畅谈的欢乐。你也知道哪家媳妇生了宝宝，全家都沉浸在喜悦之中，你还可以凑凑热闹，与他们分享喜悦。所有这些事情之中，人与人交往密切，老人可以以身作则，言传身教。美育的种子，就在这种夫妇、长幼的来往中开花结果。所以，潜移默化、春风化雨般的教诲，每天都在进行，而不是关起门来上网，几乎与世隔绝。

现代社会中，我们往往接受的是契约教育。如果没有亲人和熟人生活在身边，我们也只能如此而已。我们应当知道，契约人生可以享受自由，但也往往要以孤独为代价。

所以，我们要重新审视伦理价值。毕竟，时至今日，我们的生活乐趣主要还是人情的、伦理的，而美育的精神仍在其中悄悄地流淌。在这一方面，亚里士多德也有类似的观点，他在《政治学》中说，伦理的乐调可以达到教育的目的，可以让人受到鼓舞、受到净化，并产生一种无害的快感。其实，不仅伦理的乐调意义非凡，伦理的其他方面，如言谈举止、修养心性等，也同样具有美育功效。

手巧比腿长更有意义

如今，人们的审美追求产生了翻天覆地的变化，明显的标志就是，男人要高富帅，女人要白富美。在这种情况下，人们通常只关心身材，却不关心手巧。其实，腿长属于人的外表，而手巧则属于人的内涵。腿长依靠外在感官的审美，而手巧依靠内在感官的审美。这也说明现代人更注重外在感官所带来的快感，而轻视内在感官所获得的审美。

由于以腿长为美，所以，网络上、电视上，许多人都以腿长当作自己的资本，甚至以此作为择偶的重要标准，甚至是第一标准。当然，这样的想法也无可厚非，问题是，如此奇特的审美要求，是不是有点过了头？因为，我们这里显然忽视了一个更为重要的问题，那就是：手巧比腿长更为重要。

何以为然？因为，从生理来看，手与人的大脑密切相关，而腿与大脑的关系显然不能与手相提并论。我国自古以来就流传着"心灵手巧"的说法，可见，手巧代表着较高的智商。而腿长，则与智商没有必然的联系。所以，当我们关注腿长之时，不能忽视手巧的重要性。毕竟，在竞争激烈的当今，身高固然重要，而手巧则更有竞争优势。

众所周知，人的大脑分为左右两个部分，它们各自具有不同的功能和特性。美国神经生理学家罗杰斯佩里因为成功地证明了左右脑具有高度的专门化功能，而荣获了1981年诺贝尔医学或生理学奖。他的理论是：左脑属于"理性脑"，负责抽象思维，侧重于语言、逻辑、分析等功能。而右脑则属于"情感脑"，负责形象思维，侧重于知觉、直觉与空间判断，表现出特有的文学、艺术、想象等能力。所以，有人认为，左脑主要储存后天得到的信息，可以称之为"自身脑"，而右脑主要存储先天的智慧，可以称之为"祖先脑"。人的左手对应右脑，而右手对应左脑，它们是交叉支配的。所以，开发大脑，也就意味着要从小就多动手、勤劳动。

事实上，人脑储存信息的空间非常巨大，人一生所使用的存储空间仅占5%～10%。这就意味着还有大量的空间闲置被白白地浪费掉，令人惋惜，可见，充分地开发利用我们的大脑是一个值得关注和重视的事情。而且，我国的应试教育长期扮演极其重要的角色，以至于孩子们的左脑得到了极大的利用，甚至因为长期处于焦虑状态，使他们成为名副其实缺乏艺术修养之人。另外，对左脑过度使用，而对右脑却极少开发，也导致学生缺少应有的创造力和创新欲望，这对于个体的成长，以及社会的发展和进步无疑都是有害无益的。如今，科学技术成为学生学习的主要内容，许多人认为科学主要靠逻辑和推理，因此，忽视直觉在其中的作用。其实，科学与美学一样，也需要直觉、灵感、乐趣和想象力。爱因斯坦曾经指出："想象力比知识更重要。"科学也有深奥、神奇的美。科学知识的学习和掌握，也依赖于我们活动左手来促进右脑的开发。

所以，在不偏废任何一边的前提下，要教育小孩多用左手操作，因为，开发右脑比开发左脑有着更为重要的意义。杨辛、甘霖在《美学原理新编》中认为："开发右脑能提高艺术鉴赏力，提高创新欲望，容易激发灵感，令人心平气和，生活平静、协调。一般认为，右脑的信息容量远比左脑大。不开发右脑，浪费了部分生命，降低了生活质量，于个人、于社会都没有好处。"① 所以，开发右脑，拒绝不良情绪，保持宽厚和平的胸怀，拓展自己的视野，明朗自己的心境，懂事理、有激情，从而促使自己的事业得到长足的发展。

可见，腿长固然具有相当大的优势，但是，这种优势往往随着年龄的增长而明显减弱，毕竟人最后还是需要以内涵赢得别人的认可，而且越年长越是如此。手巧的优势则有更多的体现，而且往往随着年龄的增长，会更加显示其特有的魅力。因为，随着年龄的增长，人不仅可以增长阅历，还可以让他的专业素养得到更大的发挥。在这种情况下，手巧比腿长具有更长的时效性，而且它所表现在专业学习方面的价值，会得尤其突出。

对此，也许有人会说，他们不在乎智商，只在乎外表。其实，

---

① 杨辛、甘霖：《美学原理新编》，北京：北京大学出版社，2010年，第339页。

如果仅从审美的角度来看，腿长也未必就能带来多少美感。因为，通过使腿变长、脸变尖等方式来凸显自己的美貌，也并不可取。这种审美观念很可能会让一些年轻人吃尽苦头。例如，有人通过整容使自己的下巴变得很尖，认为这样更美，但是，效果可能适得其反。因为，下巴太尖，显得不够自然，甚至使整个面部变得僵硬。而没有灵气的脸，能够吸引人吗？毕竟，美在于自然，美在于对称。破坏身体的自然性、协调性，怎么会让人感觉到美丽呢？

另外，如果真要关注人的外表之美，与其重视腿长、脸尖，还不如重视眼睛，因为，眼睛才是展示美丽的窗户。事实上，我们只听说过"动人的大眼睛"，但从来就没有听说过"动人的大长腿"。

还有一点需要补充的是，近一段时间，腿长、脸尖确实能让一些追求时髦的人感觉很美，但是，时过境迁，审美观念一旦改变，腿太长、脸太尖，可能又会变成一种累赘和负担。20世纪七八十年代，年轻人追求时髦，只是烫个头发、穿个喇叭裤而已。这种做法，并不是对自己身体下狠手，所以，随时可以变换回来。可现在，一些人要让下巴尖起来，可能还要把两腮的牙齿拔下来，其后果当然是可想而知了。且不说当时的痛苦，难道就没有想到拔牙的后果吗？

说到长腿，我们会情不自禁地联想到古人的裹脚。如今，我们总是不假思索地说，古代妇女裹脚，让大脚板变成三寸金莲，那是对人性的一种戕害。但是，我们为什么不认为那也是一种时髦的追求呢？如果让古代妇女来看我们整容整出的尖下巴，为了腿长整出了畸形，难道她们不会说我们也是在戕害人性吗？或者就算古代妇女羡慕今天人的长腿，难道我们的子孙后代，不会像我们耻笑古代妇女一样认为我们是在戕害人性吗？

　　总而言之，无论如何，身材长相是天生的，我们也应当以天然待之，因为，自然才是最美的。

最美莫若赏景人

风景当然是美的，但看风景的人也很美，甚至可以说，看风景的人最美。

看风景的人，是一个忘却功利的人，是懂得与自然和谐相处的人。海德格尔在《尼采》中说："与对象本身的本质性关联恰恰是通过'无功利'而发挥作用的。人们没有看到，现在对象才首次作为纯粹对象显露出来，而这样一种显露就是美。"[①]美就是无功利状态下的纯粹对象的显露，这也就意味着，人最本真地成了一个存在者。而存在者越本真地显示自身本来的面貌，则存在就被越真实地呈现出来。这时，自行遮蔽着的真理、存在，就得到了最好的澄明。这种澄明镶嵌于日常生活之中，就变成了美。所以说，无论是人还是其他事物，当其以最本真的面貌出现时，就把闪亮的存在呈现了出来，美也就现身了，因为，"美是作为无蔽的真理的一种现身方式"[②]。这就是说，美是真理的现身。在这种存在

① 海德格尔：《尼采》上卷，孙周兴译，北京：商务印书馆，2002年，第120页。
② 海德格尔：《尼采》上卷，孙周兴译，北京：商务印书馆，2002年，第276页。

之真当中，人早已融入其中。因为，看风景的人，与和谐的环境本来就构成了一幅图画。柏拉图说："每个人的心灵都已经自发地看见了存在者之存在，要不然，它或许就从未进入这种生命形态。"①美一旦生成，则欣赏风景的人必然也把自己的生命灌注于其中，为之动情，为之出神，流连忘返。

海德格尔说："按其最本己的本质来看，'美'乃是感性领域中最能闪耀者、最能闪光者，以至于它作为这种光亮同时也使存在闪闪发光。存在是那种东西，人在本质上总是已经预先维系于它，已经为之出神。"②美的本质是存在，诉诸感性。人维系于美，点亮了美，而美也同时照亮人、吸引人。换言之，人点亮了美的世界，美的世界也照亮了人。所以，当一个人维系于美的时候，实际上已经成为美的闪光点，即美的风景。对此，我们可以用新月派诗人卞之琳的《断章》来进行解说。

　　你在桥上看风景，
　　看风景的人在楼上看你，
　　明月装饰了你的窗，
　　你装饰了别人的梦。

这是卞之琳于1935年10月创作的一首哲理诗。余光中先生对此大加赞誉，认为它是"耐人寻味的哲理妙品"。

① 海德格尔：《尼采》上卷，孙周兴译，北京：商务印书馆，2002年，第213页。
② 海德格尔：《尼采》上卷，孙周兴译，北京：商务印书馆，2002年，第217页。

　　从这首诗可知，风景作为一种美，不仅是客观的存在，而且还是主观的产物，因为，美就是客观的，符合主观的评价。你在桥上看风景，使这个风景是因为你的"看"的这个动作而生动起来。美因为你的行动而不断地呈现新面貌，形成新画面，让整个风景变幻出了生机。从这个角度来看，美不是现成的，是由人与万物共同生成的。

　　所以，当欣赏风景者沉浸在美景之时，自己就已经构成了一个生动的画面。因为，你在欣赏美景之际，就是展示最美的自己之时。你在桥上看风景，别人也会来欣赏你。换言之，你在看风景，也就变成了别人眼睛里的景物。这说明，欣赏美景，可以让人内心充满了美感，然后由内而外地焕发光彩，成为最美丽的风景线。此时，不仅自己愉悦，也愉悦了别人。可见，你看风景，不仅从表面上构成了风景，而且从内涵上构成了风景。试想，面对美景，不驻足欣赏，到处走动，这不是破坏了宁静的氛围吗？这不是大煞风景了吗？这怎么可能让人欣赏和愉悦？所以说，看风景的人在楼上看你，看你作为风景而出神。明月装饰了你的窗，也为你增添了光彩；而你又把这种光彩传递开来，赠送给了别人，装饰了别人的梦。这说明美就是存在，是存在者与存在相互点亮的互动过程。例如，一朵花，装点了春天，而春天也装点了这朵花；一个美女装点了世界，而这个世界也装点了这个美女，而这一切，构成了一个多姿多彩的世界。这也正如张岱在《西湖七月半》中所写的那样，看风景的人，成了西湖的独特景致："西湖七月半，一无可看，止可看看七月半之人。看七月半之人，以五类看之。"这是说，西湖七月半，正当月圆之际，本应赏月观景，但作者却说"一无可看"，只可看看五类来西湖游玩之人。他们分别是"名为看月而实不见月者""身在月下而实不看月者""亦看月而欲人看其看月者""实无一看者""不作意看月者"等。虽然他们赏景的方式各不相同，却有一个共同点，那就是他们的千姿百态与周围的湖光山色交相辉映，成了一幅幅迷人的剪影。

同样地，"我看青山多妩媚，料青山见我应如是"。之所以料想青山见作者多妩媚，是因为一个人在欣赏美景之时，必然是身心愉悦的，脸上泛着光泽，与周围形成了和谐的氛围。而人以这样的状态呈现之时，他实际上就是美的，令青山欢欣。所以，要想别人欣赏我们，喜欢我们，我们就应当以一个审美之人的面貌出现。

为了进一步说明这个问题，我们可以用赏花为例来解说。欧阳修《蝶恋花·越女采莲秋水畔》所说的"照影摘花花似面"，反映了一个常见的道理：看花就是看自己，并让自己变成一朵花。

赏花的时候，你已经放下了一切，专注于美的世界，处于放松、宁静、专注的状态，好像本身就是一朵花。可见，花就是一面镜子，照见了观赏者的心灵。

第一，赏花使生活如诗如画。想当年，吴越王钱镠给庄穆夫人吴氏的信中有"陌上花开，可缓缓归矣"数字，美不胜收，总令后人啧啧称赏，浮想联翩。此数字所言，是鲜花归呢，还是爱人归呢？其实两者兼而有之。鲜花归来，唤醒了人间的春天。爱人回家，带来了家庭的温馨。缓缓归矣，是相思，是问候，也有着些许温和的催促。其中，等待之意饱含着无限的幸福憧憬，让人回味无穷。《临安春雨初霁》曰："小楼一夜听春雨，深巷明朝卖杏花。"陆游浓浓的思乡之情，幻化成了杭州的春雨杏花。《点绛唇·蹴罢秋千》曰："见客入来，袜刬金钗溜。和羞走，倚门回首，却把青梅嗅。"李清照借着嗅梅这一动作，掩盖自己回望郎君的羞涩，也让人赞赏不已。

第二，赏花使精神风貌饱满生动。鲜花楚楚动人，宛如少女一般光彩照人。唐代崔护曾写道"人面不知何处去，桃花依旧笑春风"，这里笑春风的是桃花，也是南庄的少女，更是那位踏青的翩翩少年。

汤显祖在《牡丹亭》有言："原来姹紫嫣红开遍，似这般都付与断井颓垣。良辰美景奈何天，赏心乐事谁家院！朝飞暮卷，云霞翠轩；雨丝风片，烟波画船。锦屏人忒看的这韶光贱！"春色美好，万紫千红，不正如杜丽娘的美貌吗？而杜丽娘流连于姹紫嫣红、良辰美景，不也正说明了她就是灿烂的春光吗？

第三，赏花使人的气质卓然。梅兰竹菊，象征君子的品格。子曰："岁寒，然后知松柏之后凋也。"这说明，美是道德的象征。陶渊明爱菊花，有"采菊东篱下，悠然见南山"的悠闲。杜甫爱春雨中的红花，其《春夜喜雨》曰："晓看红湿处，花重锦官城。"周敦颐爱莲花，有出淤泥而不染的节操。所有这些都是文人审美移情之际物我交流的产物。朱光潜在《文艺心理学》中说："移情作用不但由我及物，有时也由物及我，是双方面的。"说的就是这个道理。

可见，古人爱花，充满了诗情画意。鲜花插满头，更是新颖别致。在宋代，更是盛况空前，文人们演绎了许多风流韵事。当时，戴花成了时尚。文人登第后，皇帝赐花，士子簪花，更会受到万人的追捧，而最为奇特的是"四相簪花"的佳话了。北宋时期，韩琦任扬州太守时，曾宴请王珪、王安石、陈升之三人，席间，每人头上都插芍药一朵，甚是儒雅，而后来他们的风采也如鲜花怒放，都曾官至宰相。

事实上，花是人间的精灵，它的芬芳，它的颜色，像美酒，像乐曲，总是让人驻足观赏，流连忘返，并陶醉于它的美丽和芳香。所以，人人都爱看花、赏花，从而使生活充满了诗情画意。这其中重为重要的是，看花会把自己变成一朵花，成为别人眼中的风景。

赏景之人会把自己变成一幅最美的图画，也就是说：最美莫若赏景人！

美与善融通的心理学依据

美与善是一体的，这是古今中外哲学家们一致的看法。在我国，孔子主张"尽善尽美"，开启了美善一体理论的先河。《礼记》曰："乐者，德之华也。"这里的乐，就是具有审美特征的诗乐，它是道德的花朵。之后，这种理论层出不穷。所以，我国学者认为，中国人的人生，是艺术的，也是道德的，是飞机的两翼。德艺双馨、文以载道，都把审美、道德视为一个整体。可以这么说，美善一体是中国美学的头等大事。在我国，善是美学的主心骨，美育其实就是善育的问题。人生境界，既是审美的，也是道德的。

在西方，虽然美善一体概念不像我国那么盛行，但是，不少哲学家在这方面也提出了许多有价值的理论。苏格拉底曾说："你以为美与善是截然不同的两回事吗？你不知道凡是从某个观点看来是美的东西，从这同一观点看来也就是善的吗？……总之，凡是我们用的东西如果被认为是美的和善的，那就都是从同一个观点——它们的功用去看了。"①苏格拉底认为，美与善不是两回事。另外，维特根斯坦在《逻辑哲学论》中也说："伦理学和美学是一个东西。"伦理学讲善，而美学讲美，伦理学与美学是同一个东西，则意味着美与善也是同一个东西。在此基础上，约瑟夫·布罗德斯基主张：美学是伦理学之母。"②

正因为美善一体，所以，中西文化中都有一个词，叫作"美善"。桑塔耶纳在《美感》一书中说："不但道德旨在求得的各种满足归根到底是审美满足，而且当良知也已形成，正确原理取得一种直接的威信时，我们对这些原理的态度也将成为审美态度。节操、诚实、清廉就是明显的例子。如果缺乏这些美德会引起本能的厌恶，像有教养的人们所感到的，那么这种反应在本质上就是审美的，因为它不是根据反省和仁爱，而是根据天性的敏感。然而，这种审美的敏感本应称为道德的敏感，因为它更恒久更动人得多。这就是'美善'，是对道德的善的审美要求，这也许是人性中最美丽的花朵。"他认为善可以化为美，提出"美善"概念，并将其视作"人性中最美丽的花朵"，这等于说道德人格就是审美人格。

可见，美与善常常互为表里，美是善的直观表现，而善是美的概念。两者都符合目的，可以获得愉悦感和幸福感。美是间接符合目的，而善则是直接符合目的。

---

① 北京大学哲学系美学教研室编：《西方美学家论美和美感》，北京：商务印书馆，1980年，第18—19页。

② 沃尔夫冈·韦尔施：《重构美学》，陆扬、张岩冰译，上海：上海译文出版社，2002年，第78页。

美与善相通，有许多原因，我们在心理学上也能够找到一些依据。大致包含以下三个方面：

第一，义理悦心理论。义理悦心理论，最早是由孟子提出来的。《孟子·告子上》曰："口之于味也，有同嗜焉；耳之于声也，有同听焉；目之于色也，有同美焉。至于心，独无所同然乎？心之所同然者，何也？谓理也，义也。圣人先得我心之所同然耳。故理义之悦我心，犹刍豢之悦我口。"这就是说，口舌对于味道，有相同的嗜好；耳朵对于声音，有相同的听觉；眼睛对于颜色，有相同的美感。同样，心灵对于义理，也有相同的快感。显然，口舌、耳朵和眼睛，属于外在感官，可以得到物质的满足，包括美味、美声和美色所能够带来的美感；而心灵属于内在感官，可以得到精神的满足。既然外在感官有相同的美感，那么，内在感官也如此。孔子所说的"安贫乐道"，颜回的箪食瓢饮而不改其志，以及周敦颐要求程颢、程颐二兄弟寻"孔颜乐处"，都是通过义理来愉悦身心的，毕竟，人类有共同的人性。孔子的"性相近，习相远"、孟子的"性善"，以及《三字经》中"人之初，性本善"等说法，都支持这种理论。共同的人性，必然有共同的美感，这与康德"审美共通感"理论也是相通的。

康德认为，我们评判一个自然事物或艺术，常常是以道德的标准来衡量，所以，会给这些事物涂抹上道德的色彩。我们把田野视为欢笑，把色彩视为谦逊，把树木视为温柔，等等，都是如此。康德在《判断力批判》中说："我们称呼自然的或艺术的美的事物常常用些名称，这些名称好像是把道德的评判放在根基上的。我们称建筑物或树木为壮大豪华，或田野为欢笑愉快，甚至色彩为清洁、谦逊、温柔，因它们所引起的感觉和道德判断所引起的心情状况有类似之处。鉴赏使感性刺激渡转到习惯性的道德兴趣成为可能而不需要一过分强大的跳跃，设想着想象力在它的自由活动里对于悟性是作为合目的性地具有规定的可能性，并且甚至于教导人在感性的对象上没有任何感性的刺激也能获得自由的愉快满足。"①康德认为，外物所引起的快乐与道德判断所引起的快乐是相似的。对外物的评价，使我们的审美感性立即就会转移到道德兴趣方面，而不必有太多的跳跃性过渡。

　　在这个过程中，想象力在作为道德的合目的性的规定中，在感性的对象上能够获得自由的愉快感和满足感。换言之，想象力在道德的规定下，同样能够对于外在对象产生不假思索的愉悦感。所以，在审美时，自然而然会有道德的兴趣；同理，在道德要求中，也自然而然会有审美的满足。道德与审美，美与善，它们总是形影不离的。可见，对善的满足，就是对美的满足。其实，康德所说的想象力，就是一种内在感官。这种感官，既能够审美，又能够道德评判，能够使美与善两者协调一致，夏夫兹博里、哈奇森都持这种观点。朱光潜在《西方美学史》中说："哈奇森……受了夏夫兹博里的影响，特别发展了'内在感官'说，认为这内

---

① 康德：《判断力批判》，宗白华译，北京：商务印书馆，1985年，第202—203页。

在感官既审美，又评判道德，所以特别强调美与善的一致。"① 就是说，义理悦心，是因为义理总是伴随着审美，从而使人愉悦，这种愉悦是其他感官的享受所无法比拟的。所以，哈奇森在《论美与德性观念的根源》中说："道德感官对人类的影响要比人们通常想象的那种影响大得多。……'它比我们所有其他官能都更能给我们以快乐与痛苦。'……所有人似乎都相信，拥有善的道德品质是某种美德，它会优于所有其他享乐。相反，他们会把道德恶的状态看得比任何其他恶要更严重和更恶劣一些。"②

　　第二，审美定势理论。审美定势理论，是基于知觉定势理论而来。美国心理学家克雷奇等人编著的《心理学纲要》说："知觉定势主要来自两个方面：早先的经验和像需要、情绪、态度和价值观念这样一些重要的个人因素。简言之，我们倾向于看见我们以前看过的东西，以及看见最适合于我们当前对于世界所全神贯注的和定向的东西。"③ 在他看来，我们看事物，总是有选择的、定向的，乐于接受自己愿意全神贯注的东西。因此，在审美时，我们常常会有不期而然的自动化的行为和观念。所以说，审美定势是有其心理和生理基础的。这就表明，曾经的知觉经验都会在人脑皮层中留下痕迹，从而作为以后知觉的心理准备。

① 朱光潜：《朱光潜全集》第6卷，合肥：安徽教育出版社，1987年，第512页。
② 哈奇森：《论美与德性观念的根源》，高乐田、黄文红、杨海军译，杭州：浙江大学出版社，2009年，第173页。
③ 克雷奇等编著：《心理学纲要》下册，周先庚、林传鼎、张述祖等译，北京：北京文化教育出版社，1981年，第78页。

可见，所谓审美定势，就是我们在审美之时，事先有一个因为审美经验、社会习俗、文化修养等形成的心理准备、审美能力、审美标准。这种事先存在于心中的审美标准，制约着我们的审美视角和审美观念，成为一种不自觉的审美定势。其实，审美定势，大约类似于文学理论中的期待视野。姚斯认为，在文学阅读之前及阅读过程之中，作为接受主体的读者，基于个人与社会的复杂原因，心理上往往会有既成的思维指向与观念结构。读者的这种据以阅读文本的既成心理图式，叫作阅读经验期待视野，简称期待视野。可见，我们在审美活动过程之前或之中，并不是完全随心所欲的，而总有一个既成的思想观念存在于心里，充当一种无形的标准。例如，冯梦龙的《古今谭概·颜甲部》记载："张率年十六，作赋颂二十余首。虞讷见而诋之，率乃一旦焚毁，更为诗示焉，托云沈约。讷更句句嗟称，无字不善。率曰：'此吾作也！'讷惭而退。"这个故事说，南朝时代，有一个叫张率的士人，在他16岁时，曾经创作了20多首赋颂，请老前辈虞讷评判。虞讷见张率是一个无名小辈，看完后，把它们贬得一塌糊涂。于是，张率把这些作品全部烧毁了。后来，张率根据那些内容重新创作了大量诗歌，并假称为沈约所作，再给虞讷审阅。这一次，虞讷大为赞赏，认为无一字不精妙。张率见状，告诉虞讷，这是自己写的。虞讷听后，只好羞愧地默默离开了。

这个故事说明，审美定势是一种十分常见的现象。而且，审美定势中的思想观念，早已形成了一种集体无意识，我们不可避免地在审美中伴有道德的色彩。我们常说的，人不是因为美丽而可爱，而是因为可爱才美丽，这种观念毫无疑问地成为我们日常生活中的审美标准。生活中，常有"道德绑架"之说，说明了我们审美往往有向善的定势。所以，我们一看见正面的英雄豪杰，就感觉他们闪闪发光。这种视觉判断，已经成了一种审美的条件反射。它已经不是理性，而是一种长久以来形成的直觉。这种直觉并不是观看完毕之后由理智能力做出的判断，而是与观看活动一同出现的体验，并成为审美活动中不可或缺的一个环节。可见，直觉能产生在于审美定势，对此，我们都有切身的体会。当我们看见好人时，自然会感觉他们很美；而看到坏人时，自然会感觉他们很丑。这种美善一体的思维模式，是审美定势造成的。还有，我们看到梅兰竹菊，就会产生一种审美的快感，也是如此。

第三，异质同构理论。按照格式塔心理学理论来说，人与万物分享了宇宙中的一种力。也就是说，虽然人与万物并不同类，是异质的，但是，人的生理和心理中的力与万物之间的力是同构的。其原因在于，万物所具有的结构之力，会在人脑神经中产生影响，形成电脉冲，使人脑电力场受到刺激，并失去平衡。而当电力场失去平衡以后，人脑会主动进行调整，从而与外界之力的结构一致。这样，人的心理结构与生理结构，以及与事物的物理结构就会相互一致，这就形成了"异质同构"的状态。

"异质同构"理论体现了西方人的认识模式。如果要用我国文化进行比附的话，那就是我们古人的"万物一体"理论。西方人认为宇宙之中普遍存在着一种力，而中国人则认为宇宙之中普遍存在着一种气。由于气的作用，万物都具有了生命性，因此息息相通。而人则是宇宙之气流转的一部分，而且是最为灵秀的生命体。

当然，无论是"异质同构"理论，还是"万物一体"观念，两者都认为万物具有表现性，在此基础上，人还具有表现性的感知。人的表现性感知非常奇妙，它在人体的全部感知中，占有优先地位。而表现性知觉使人对万物都赋予了情感或道德的内涵。按照这个逻辑，把美的东西视为具有道德的内涵，其实就是以知觉的表现性占优的特点来进行思考的。换言之，美是道德的象征，其实隐含着表现性（审美性）的思维。孔子曰："夫玉者，君子比德焉。温润而泽，仁也；缜栗而理，知也；坚刚而不屈，义也；……诗曰：'言念君子，温其如玉。'此之谓也。"（《荀子·法行》）孔子把美玉比作君子，就是一种道德的象征，体现了表现性（审美）思维的特征。可见，从表现性的角度来看，审美与道德是相通的，即美与善是相通的。

在这方面，我国传统文化表现得非常明显。在群经之首《周易》中就有大量的例子，例如，"立天之道，曰阴与阳。立地之道，曰柔与刚。立人之道，曰仁与义"。天道为阴阳，地道为刚柔，而人道则为仁义。仁义具体表现为，"天行健，君子以自强不息"，"地势坤，君子以厚德载物"。天的行动是刚健有为的，地的胸怀是柔顺宽厚的。天地以其品格，展示出自身的美好，这也就是庄子所说的"天地之美，神明之容"。虽然它们大美无言，但告诉我们，君子应当具有天地之德，自强不息、厚德载物。此外，《周易》还把四季、四方、四象等与四德联系起来，构建出了一个既审美又道德的立体网状结构。春、夏、秋、冬四季，东、南、西、北四方，与少阳、老阳、少阴、老阴四象，以及元亨利贞、恻隐羞恶、辞让是非、喜怒哀乐、仁义礼智等一一对应，形成了一个周而复始的圆环。如果君子懂得天道，并落实于人道，就可以"黄中通理，正位居体，美在其中，而畅于四支，发于事业，美之至也"。换言之，君子只要能够黄色中正，通达事情，体居正位，美就在其中，而且流淌于四肢，发挥在事业，那就达到了美的极致。这就是《周易》的美善一体的思想，这种观念鲜明地体现了儒家的美学思想。

历代大儒都认为，能够发挥自己天生的善性，就是美的，值得肯定的。孟子所说的"万物皆备于我"，就是万物之天理皆备于我的心。这里的"我"不是小我，而是大我。这说明了道德的普遍性和自足性，也说明了自我之心自作主宰的能力，这也就是康德所说的"自由"。所以，这种道德具有无比神圣之美。《孟子·尽心下》曰："可欲之谓善，有诸己之谓信，充实之谓美，充实而有光辉之谓大，大而化之之谓圣，圣而不可知之之谓神。"孟子的"美大圣神"，就是基于"万物皆备"理论的审美体验。因为，人心中存在着一种与天地合一的精神力量，这种动力，可以使人参赞天地，从而与"天地参矣"，构成天地人三才。杜维明在

《孟子思想中的人的观念：中国美学探讨》中说："孟子认定，在人的身、心的结构中，存在着自我发展为与天地合一的真正潜能和巨大可能性。如此理解人性，不是一种无法实现的理想，而是一种进行道德和精神转化的无穷无尽的动力。用《中庸》提供的形象：人既'可以赞天地之化育，则可以与天地参矣'。"[①]

　　人与天地合一，自然可以感受到整体宇宙的生命节律。程颢在《秋日偶成》有言："万物静观皆自得，四时佳兴与人同。"程颢认为，万物与人一样，在一气周流的宇宙中，也都有自得之善性，即都有道德的自足性。我们只要善于静观，排除杂念和贪欲，就能理解其中的奥妙。懂得这个道理，就会发现，四季都有美好的景致，它们也经历着喜怒哀乐的四德更替。所以，儒家讲究先要识仁，因为仁者浑然与万物同体，能够体验到人与自然之间相同的节拍。这种物我无间的思维、体验，就是超想象的想象，超共感的共感。在这个过程中，灵魂得到洗礼，体验到无比的快乐。程颢的这种理论发展到明代，就出现了陈献章的"自得"之学，所谓"随处体认天理"，即是如此。后来，王阳明集心学之大成，拓展了前人的这种理论，进而主张良知自足，万物一体。王阳明《读易》一诗所说的"信仰天地间，触目俱浩浩"，说明了不仅人有良知，草木瓦砾也有良知。也就是说，人与万物都有美好的品德。这种万物一体的美学思想，与西方异质同构理论具有异曲同工之妙。英国美学家夏夫兹博里在《论特征》中说："美、漂亮、

---

① 杜维明：《杜维明文集》第3卷，武汉：武汉出版社，2002年，第296页。

好看，这些都决不在物质（或材料）而在艺术和构图；决不在物体本身而在形式或是造成形式的力量。……形式决不能有真正的力量，如果它不是经过观察、评判和衡量过的，而只是作为一种偶然的符号或标志，显示出平息受挑动的感官和满足人的动物性的那种东西。……美与善仍然是同一的。"①美与善的同一，完全是我们对于事物的形式或力量所做的道德之评判和衡量所造成的。

总之，美善是作为一种激励人心的鹄的而存在的品格。美善在充实我们的生命之时，不仅是作为一种固定的原则而存在，而且还作为体验生命的本质而存在。这种体验是我们与万物交流而形成的一种动态美。当我们看到了万物之美，并进行描述之时，我们的注意力从外在的物质形体转向了自身内在的生命之力，最后上升到真善美合一的精神境界。

需要特别强调的是，我们主张美善一体，这是因为人类的幸福主要在于道德，而不是知识。古人常把尊德性置于道问学之上，是非常明智的。哈奇森在《论美与德性观念的根源》中说："最动人的美都与我们的道德感官有关，并会比以最生动的手法所描绘的自然对象更强烈地感染我们。"②所以，我们对德性的偏爱要甚于所有其他的享乐，而且，恶行所致的痛苦比其他任何痛苦都要更严重一些。

---

① 北京大学哲学系美学教研室编：《西方美学家论美和美感》，北京：商务印书馆，1980年，第94页。
② 哈奇森：《论美与德性观念的根源》，高乐田、黄文红、杨海军译，杭州：浙江大学出版社，2009年，第186页。

所以，我们要高举美善的旗帜，共同构建人类命运共同体，共同创造美好的幸福家园。为人处世，就应当与人为善，团结协作；帮助别人，成就自己，因为，助人者，人助之，天也助之。

冯友兰的四个境界

　　冯友兰在《新原人》中说："就大同方面看，人所可能有的境界，可以分为四种：自然境界、功利境界、道德境界、天地境界。"[1]

　　自然境界的人，是按照生物学上的习性而行的人。这种境界的人，不可以说是不识不知，而只能说是不著不察。朱熹曰："著者知之明，察者识之精。"可见，在自然境界中的人，他们处于混沌的状态，而对于自己的生活，虽然有所意识，但没有清晰的理解。孟子曰："行之而不著焉，习矣而不察焉，终身由之，而不知其道者众也。"孟子所说的这些大众，就属于这种境界中的人。

　　功利境界的人，不管其行为如何千差万别，其最后的目的，总是为了保护自己的利益。当然，在为自己的利益之时，也不排斥对别人或社会有利。此境界的人对于自己的行为有比较清楚的觉解，而并不像自然境界的人，对于自己的行为并无清楚的觉解。

　　道德境界的人，其行为是道义的。义与利是相反相成的。完

―――――――――

[1]　冯友兰：《三松堂全集》第4卷，郑州：河南人民出版社，1986年，第497页。

全为个人着想，是为利的行为，而为全社会着想，则属于行义的行为。处于这种境界的人，对于人性有着清晰的觉解。因为，他们知道，人性蕴含着社会的属性，个人只是全体社会的一份子，个人应当为全体社会服务。《中庸》曰："仁者，人也。"这就是说，仁爱之性，是做人的本色、底色。这个境界之人，与功利境界之人明显不同。功利境界之人，个人与社会是对立的。而道德境界之人，个人与社会并不是对立的，而是和谐的。在功利境界中，人的行为都是以"占有"为目的，而在道德境界中，人的行为则是以"奉献"为目的。在功利境界中，人的行为以"索取"为目的，而在道德境界中，人的行为则是以"给予"为目的。在功利境界中，人的行为即便是"给予"，但其目的也还是"索取"；而在道德境界中，人的行为即便是"索取"，但其目的也还是"给予"。

　　天地境界的人，其行为是"事天"的。处于这种境界的人，不仅懂得自己是社会的一部分，而且还懂得自己是整个宇宙的一部分。个人不仅要在社会中堂堂正正地做人，而且在宇宙中也要堂堂正正地做人。所以，个人不仅要对社会有所贡献，而且还要对整个宇宙有所贡献。个人的行为不仅与社会有关系，而且与宇宙也有关系。这种境界之人，对于人性有深刻的觉解。他觉解到自己虽然很渺小，但也要参赞天地之化育；虽然年寿有限，但可以"与天地比寿，与日月齐光"，即要把有限的生命，放置到无限的精神境界追求之中。处于这种境界的人，已经达到了知性尽天的高度，所以被称之为"圣人"。

境界的高低是以自身觉解的程度为依据。冯友兰在《新原人》中说："境界有高低。此所谓高低的分别，是以至某种境界所需要的人的觉解的多少为标准。其需要觉解多者，其境界高；其需要觉解少者，其境界低。"①觉解越多，则其境界就越高，而觉解越少，则其境界也就越低。

境界的高低，决定了人在宇宙间所处的地位。功利境界和自然境界中的人，处于百姓的地位。在道德境界中的人，其地位是贤人。在天地境界中的人，其地位是圣人。而处于不同地位的人，其享受的世界就不同。境界高者，实际享受的世界就多；境界低者，实际享受的世界就少。因为，一个人所享受世界的多少，取决于其自身的感觉程度。冯友兰在《新原人》中说："一个人所能实际享受的，是他所能感觉或了解一部分的世界。"②可见，一个人感觉程度越高，其境界就越高，其享受的世界也就越多越丰富。

自然境界与功利境界是自然的产物，而道德境界与天地境界则是海德格尔所说的精神的创造。自然的产物，是不必努力，而可以自然得到的；而精神的创造，则是需要自身的努力才能达到的。

境界往往是不断变化的，但是圣贤和下愚之人不会改变。圣贤之人，其觉解已经到了彻悟的阶段，所以境界已经臻于化境，

① 冯友兰：《三松堂全集》第4卷，郑州：河南人民出版社，1986年，第501页。
② 冯友兰：《三松堂全集》第4卷，郑州：河南人民出版社，1986年，第501页。

是无法改变的。而下愚之人，其觉解很低，所以并不知道要改变自己的境界。

人的境界，可以通过其行动来体现。冯友兰在《新原人》中说："人的境界，即在人的行动中。"[1]如果行动，而并无觉解，则一切都在无明之中，这就是凡人。如果行动，而且能够有清晰的觉解，则一切皆在明中，所以是圣人。"圣人有最高的觉解，而其所行之事，则即是日常的事。此所谓'极高明而道中庸'。"所以，境界之不同，根本原因并不在于是否行日常之事，而在于是否有觉解。如果能够在日常生活之中行平凡之事而不庸俗，那就是"极高明而道中庸"，属于圣人了。

境界也存在有我与无我的区别。自然境界是有我，而不知有我。功利境界是有我，而且也知道有我。道德境界有无我，个人是为了社会而奋斗的。到了天地境界，无我又上升到一个新高度，此无我已经是大无我了。处于这个无我之境界，可谓"人欲尽处，天理流行"。天地境界消解了"我"与"非我"的分别，是"天人合一"的境界，是超越"自我"有限性的审美境界。这也就是孔子所说的"吾与点也"的境界，或者是郭象所说的"玄同彼我""与物冥合"的境界，以及宋明理学家所说的"浑然与万物同体"的境界。

自古以来，有国人追求成为圣人，因为圣人达到了最高的境界，即天地境界，而天地境界，也就是"化境"。当然，"化境"

---

① 冯友兰：《三松堂全集》第4卷，郑州：河南人民出版社，1986年，第501页。

并不完全等同于天地境界。化境的使用范围比天地境界明显要宽泛得多。我们在日常生活之中也常常用到它，例如，某人书法水平很高超，臻于化境；某人武术水平很高超，臻于化境；某人品德很高尚，神通广大，臻于化境，等等。

中国的"圣人境界"与西方的"全面发展"

我们所说的"化境""圣贤境界",在人的成长方面,类似于西方人所说的"全面发展"。全面发展,是指人在德智体美劳等诸多方面的和谐发展,它与片面发展或畸形发展是相对立的。

我们讲圣人境界,是基于这种理念:道德比知识更重要,因为,道德才是人类建立纲维、谋求幸福的基石。古人常说的"满街都是圣人""人人都是尧舜",说明了人人具有成为圣人的天性,所以,只要加强修养就能够成贤至圣,入于圣域。这就意味着,圣人是我们日常生活的榜样,他们的言行举止对于整个社会的良性发展,起着至关重要的引领作用,从而成为我们思想和行动的指南。正是在这种文化背景之下,"圣贤气象"就特别受人推崇。圣贤气象,作为一个专有名词,起始于宋代,到了明代,臻于鼎盛。所以,宋明理学家特别喜欢以圣贤气象来形容一个人的气度和胸襟。朱熹在《近思录·圣贤》有言:"仲尼,天地也;颜子,和风庆云也;孟子,泰山岩岩之气象也。观其言皆可见之矣。仲尼无迹,颜子微有迹,孟子其迹著。孔子尽是明快人,颜子尽岂弟，孟子尽雄辩。"孔子、颜回和孟子都有非凡的气象，值得后人敬仰。所以，君子应当效法圣人，"观喜怒哀乐未发气象""观天地生物气象"，以此来获得识仁之大"观"。

在宋明理学家看来，人有气象，万物也有气象。天地生生之机，无不体现出鸢飞鱼跃的气象。个体应当"为天地立心，为生民立命"，并把自己的生命融入整个宇宙之中，从而体验人与万物一体的境界。这时，个体已经超越了有限进入了无限，种种欲望烟消云散，浩然之气油然而生，并与天地息息相通。此时，个体就能真切地体会到一种乐趣，这种大乐与天地同流，让人禁不住手舞足蹈。

其实，我们追求圣人境界、圣贤气象，是为了确定自己在宇宙中的价值，承担自己的使命。对于这种理想和担当，西方人则通过提升自身价值、个体全面发展来实现。席勒、马克思、马斯洛等人都是这种理论的代表。

1793年，席勒在《美育书简》中说："毫无疑问，人在他自身的人格中具有达到神性的天赋，达到神性的道路，如果我们可以把这条永远不能达到目标的路称作道路的话，在感性中已经为我们打开。"①每个人的人格中，都有达到神性的天赋，就是意味着每个人都有着从有限走向无限的天命之性。要完成这个任务的道路始于我们的感性冲动。感性冲动虽然受制于形式冲动、理性冲动，但它们相互协调，可最终达到平衡，上升到游戏冲动的高度。这

---

① 席勒：《美育书简》，徐恒醇译，北京：中国文联出版社，1984年，第73页。

时，我们的内心就实现了真正的自由。这是灵魂的自由，这也就是审美的自由。所以说，每个人的人格中，都有审美自由的天赋，这是我们成为完人的天命之性。席勒的这种观点与我们古人提倡的"人人具有尧舜之性"的理论完全相似。这就是说，西方人讲究"完人"，我们追求"圣人"。虽然中西对成为完人的理解并不一致，但达到审美的高度的要求是殊途同归、百虑一致的。

在席勒看来，要成为完人，美育是最好的选择。在《美育书简》中，席勒第一次系统阐述了美育的性质、功能，并强调了美育的重要性。他认为，美育是一种恢复人的天性的完整性，从而造就完全意义上的人的一种教育。席勒之所以重视美育的作用，是因为西方理性主义过度强调科技和理性，而忽视或者轻视感性。这样一来，感性就受到了前所未有的压制，造成了人性的分裂。正是因为如此，他主张通过游戏的方式，实现感性和理性、肉体与精神的和谐统一，以此来恢复人格的完整性，促进人的全面发展。席勒在《美育书简》中说："只有当人在充分意义上是人的时候，他才游戏；只有当人游戏的时候，他才是完整的人。"[①]他认为，游戏才能使人成为完人，因为，游戏是不带功利色彩之活动。当人在游戏之时，他能够充分地享受审美的乐趣，获得审美的教育，使自己成为一个完人。

当然，人的全面发展，不仅可以通过美育，还可以通过心理的完善来实现，美国心理学家马斯洛就是如此认为。1943年，马

---

① 席勒：《美育书简》，徐恒醇译，北京：中国文联出版社，1984年，第90页。

斯洛在《人类激励理论》一文中，提出了人的层次需求理论，它们依次是：生理的需求、安全的需求、社交和尊重的需求、自我实现的需求。这些需求环环相扣，前面一个需求是后面一个需求的基础，而后面一个需求是对前面一个需求的完善。最后，上升到自我实现的需求，这表明人已经得到了全面的发展。马斯洛认为，当各种需求得到合理满足之后，个体就会体验到自身的价值和意义，对未来充满信心，对社会满怀热情，并以此回报社会。

需要特别强调的是，对于全面发展理论，马克思的论证是非常完整深刻的。首先，马克思提出了"人的全面而自由的发展"的伟大思想。他在《资本论》中明确表示，希望建立起一个"更高级的、以每个人的全面而自由的发展为基本原则的社会"[①]。显然，这样的理想社会，与我国张载主张"为天地立心，为生民立命"的信念是一致的。其次，马克思认为，每个人都有全面发展的权利。马克思强调说："任何人都有权利按照自己的意愿来发展自己的一切的能力。"[②]这一点与《中庸》中"天命之谓性"的成圣思想也颇为相似。不同之处在于，马克思从个人的权利来思考，而《中庸》是从上天赋予的天性来思考。最后，如果要充分地发展自己，就应当在教育上、生活上双管齐下。具体就是，在教育方法上保证智育、体育和劳动实践等诸多方面相结合。马克思明确指出："生产劳动同智育和体育相结合，它不仅是提高社会生产

①　马克思、恩格斯：《马克思恩格斯文集》第5卷，北京：人民出版社，2009年，第683页。
②　马克思、恩格斯：《马克思恩格斯文集》第3卷上，北京：人民出版社，1960年，第330页。

的一种方法，而且是造就全面发展的人的唯一方法。"①当然，要充分地发展自己，还应当在日常生活中，充分有效地利用好自由时间。马克思认为："时间实际上是人的积极存在。它不仅是人的生命的尺度，而且是人的发展的空间。"②人存在于时空之中，时间是我们生命的尺度。只有妥善地安排和运用自由时间，才能充分激发自己的能量，活出精彩的人生。这不仅对于个人如此，对于整个人类而言，也是如此，因为，自由时间对于人类文明的发展具有基础性的作用。马克思指出："整个人类的发展……无非是对这种自由时间的运用，并且整个人类发展的前提就是把这种自由时间的运用作为必要的基础。"③

总之，每一个人都应当有成为圣贤的愿望，并努力提高自己的修养，使自己得到全面的发展。在此基础上，勇于担当，甘于奉献，积极地促进形成一个和谐有序的理想社会。这就意味着，在当今社会，人不能仅仅发展智育，还应当使德、智、体、美、劳形成一个完整的体系，并得到全面落实。对此，借用席勒《美育书简》中一句话来说，那就是："我们有责任通过更高的教养来恢复被教养破坏了的我们的自然（本性）的这种完整性。"④

---

① 马克思、恩格斯：《马克思恩格斯文集》第23卷，北京：人民出版社，1972年，第530页。
② 马克思、恩格斯：《马克思恩格斯文集》第47卷，北京：人民出版社，1979年，第532页。
③ 马克思、恩格斯：《马克思恩格斯文集》第47卷，北京：人民出版社，1979年，第216页。
④ 席勒：《美育书简》，徐恒醇译，北京：中国文联出版社，1984年，第56页。

美是生命的呈现

美是生命开出的花朵。生命分别大生命和小生命。宇宙是大生命，而个体则是小生命。大生命与小生命是一体的。当然，生命，不仅包括自然的生命，更包括德性的生命，因为，生命本来就是要靠道德来润泽的。所以说，生命，或者说是道德的生命，才是宇宙的核心动力。道德生命放出光彩，就是美。

正因为如此，牟宗三把真正的学问视为一种道德生命的学问。牟宗三在《生命的学问》中把学问分为上下两层，上层的学问就是"智慧的学问""生命的学问"，而下层的学问就是"知识的学问""应用的学问"。生命的学问，为人生立法，关注的是人文；知识的学问，为自然立法，关注的是工具。牟宗三认为，与西方相比，中国的学问才是真正生命的学问。牟宗三说："实则真正的生命学问是在中国。"①西方人虽然有宗教信仰，但缺少道德的充实。

按照牟宗三的这个逻辑，美学也可以分为四类，分别是生命

---

① 牟宗三：《生命的学问》，桂林：广西师范大学出版社，2005年，第32页。

的美学、智慧的美学、知识的美学，以及生活的美学。而真正的生命美学是在中国，这从许慎《说文解字》对"美"的解释，也可见一斑。《说文解字》认为，羊大为美。其中，羊，谐音为祥（吉祥），而其作为膳食，又含有"善"之意。可见，美与善（吉祥）相通。羊又是活泼泼的生命之体，而不是冷冰冰的对象。羊与我们人类朝夕相处，是人类的朋友。所以，羊大为美，意味着道德之"善"能够对生命进行润泽，这也体现了中国美学的生命性特征。大致而言，中国的美学，属于生命和智慧的美学，而西方的美学，属于知识和生活的美学。生命的美学，为人生立法，并寻找最后的安身立命之处，而知识的美学，为自然立法，关注的是工具的用途。所以，生命的美学，要远远高于知识的美学。

　　据此可知，牟宗三所说的美就是"气化之多余的光彩"，有着深刻的内涵。其创新之处在于，把美视为是一种生命的呈现。因为，气化就是宇宙生命之化育。在此化生万物的过程之中，道德、气韵、气势、气脉、气象、风骨、风韵、意境等，可谓一齐俱到。然后，化为一种光彩，没有功利之心，纯属"多余"。

　　事实上，在日常生活之中，我们国人的道德生命都得到了淋漓尽致的体现。钱穆在《孔子与论语》中说："今日国人好言'人生'。惟人生当分两方面：一曰'生活'，一曰'生命'。两者间，实有甚大之不同。'生活'仅是其手段，而'生命'则是其目的。专就文学言，西方文学重在人的生活方面之叙述，而中国文学则更重在人的生命方面之表达。再论夫妇与家庭，西方亦以生活为

重，而中国则更要在于生命之意义与价值。"①钱穆认为，中国人注
重生命，而西方人注重生活。生命是人生的目的，而生活是人生的
手段。中国人在文学艺术方面，重在家庭伦理中生命意义与价值的
表达，而西方人，重在生活方面之叙述。可见，中国文化中的家国
同构特性，使中国美学以伦理中的道德生命为重，换言之，中国的
美学是家庭伦理式的生命美学。这种"德性生命"的精神贯穿于人
生的方方面面，其价值的实现就需要道德主体的人不断实践。也就
是说，实践的主体需要精神生命作为行动的纲领。这正如牟宗三所
说："人间的集团实践显然有一个精神生命在后面荡漾着，由此精
神生命必然含着一个精神实体。"②

　　道德的生命构成了美的基础。在此基础之上，再以感性的形
式呈现出来，就成为美了。美是一种道德生命的闪光，它无所不
在。换言之，美不仅以对象的形式出现，还更以一种存在之光的
方式显现出来。

　　可见，美就是生命的存在、呈现，这种呈现以一种生命的姿
态表现自身的风采。例如，凡·高油画中的一双农鞋，揭示了存
在者的真理，以一种无蔽的状态显示自身之美。海德格尔在《艺
术作品的本源》中说："凡·高的油画揭开了这器具即一双农鞋真
正是什么。这个存在者进入它的存在之无蔽之中。希腊人称存在
者之无蔽为aletheia。我们称之为真理，但对这字眼少有足够的思

---

① 钱穆：《孔子与论语》，台北：联经出版事业股份有限公司，1974年，第197—198页。
② 牟宗三：《生命的学问》，桂林：广西师范大学出版社，2005年，第149页。

索。在作品中，要是存在者是什么和存在者如何是被开启出来，作品的真理也就出现了。……艺术的本质就应该是：'存在者的真理自行设置入作品。'……可是迄今为止，人们却一直认为艺术是与美的东西或美有关的，而与真理毫不相干。"①

美或美的东西，与真理密切相关，而真理就是存在者的存在。所以说，美就是真理、存在。而存在本来就是生命性的，不可能没有生命流淌的存在。所以，谈真理，讲科学，一定是从生命处来了解其内涵，否则就只是所谓的外延式的科学，而根本没有触及真理的实质。牟宗三在《四因说讲演录》中说："现在的科学主义者，念哲学的新潮派大概都不懂这个生命的学问。你对他们讲这些学问，他们不相信，就是他们对这些道理没有感悟。这个时代，现代文明就是无体的文明，无体就是没有形而上的实体。你指点他，他没有开悟，他一下子落到科学的层次讲，先问有没有证明。没有证明，我就不相信。这叫肤浅的理智主义。这个时代的人大体都是这一类的。"②牟宗三认为，现在的科学主义者不懂生命的学问，他们缺少对于世界万物的感触，所以只是属于肤浅的理智主义。因为，感触有大小，层次有高低，感触大者为圣贤，感触小者为小人，而毫无感触者为禽兽。

中国的文化具有感触的特征。儒家以仁心为本，以润物为用，进而感触万物，并赋予道德的生命。道教也有类似的观点。《庄

---

① 海德格尔：《海德格尔选集》，孙周兴编译，上海：上海三联书店，1996年，第256页。
② 牟宗三：《牟宗三先生全集》第31册，台北：联经出版事业股份有限公司，2003年，第24页。

子》的"物化"，主张心物交感，实现人心与天道的合拍，从而体验到无上的天乐。滕守尧在《审美心理描述》中说："在道家看来，主宰内在感情的规律与主宰大自然的'道'本质上是一回事，所以体验到自然（天）的真谛，也就体验了人的内心生活的真谛。……在东方美学中，'情'与'真'是同一的，艺术只不过是以美丽的感情服装，将绝对的真装扮起来，使人在与它接触时感到更大的愉快。"①

中国人之所以注重感触，究其原因在于，我们认为不仅人有生命，动物也有生命，植物也有生命。整个宇宙就是一个生命体，鸢飞鱼跃，一气流转。王阳明在拓展前人的万物一体的理论时，甚至提出了更有意义的思想，他认为，人有良知，草木瓦砾也有良知，换言之，整个宇宙都是道德生命的体现。

正因为万物都有生命，所以，艺术创作就是要发现自然之中的生命，并把这种生命表现在艺术之中。邵雍在《善赏花吟》有言："人不善赏花，只爱花之貌。人或善赏花，只爱花之妙。花貌在颜色，颜色人可效。花妙在精神，精神人莫造。"善于赏花，不看其形貌，而看其精神，而精神乃是生命的体现。又如，苏轼在《书鄢陵王主簿所画折枝二首·其一》有言："论画以形似，见与儿童邻。赋诗必此诗，定非知诗人。诗画本一律，天工与清新。边鸾雀写生，赵昌花传神。何如此两幅，疏淡含精匀！谁言一点红，解寄无边春！"在这里，"论画以形似，见与儿童邻"，艺术

---

① 滕守尧：《审美心理描述》，成都：四川人民出版社，1998年，第173页。

表现主要不在于外表的形似，而在于传达内在的情意。

事实上，人与自然万物有一个相同的节律。所以，只要我们融身于自然，聆听万籁之声，就可以产生心灵的共鸣。张世英在《哲学导论》中说："世界本是一个人与存在相契合的整体，在这个整体中，事物的意蕴是无穷的，只因人习惯性地以主客关系的态度看待事物，总爱把事物看成是主体私欲的对象，人对这样观察下的事物熟悉到了麻木的程度，以致受其遮蔽，看不到这平常事物中的不平常的魅力，看不到其中的美丽和惊人之处。"①这就是说，我们要从传统的天人合一、存在之境域来欣赏世界。

对于这方面的认知，西方文化先天不足，有所欠缺。他们推崇理性和科学，以至于个体缺少应有的生命之间的感触。所以，西方人特别关注形似，在艺术创作之中，恨不得把人物的每一根头发丝的明暗、粗细都再现出来。而真理并不仅仅是静止的事物或其本质，也不是逻辑推论的结果。真理是呈现的、变动的，而不是现成的、静止的。如果只以科学的程序求取外延真理，而不知生命流行之处的内容真理，那也只是一种肤浅的认识而已。

所以，仅仅关注科学技术显然是不够的。人类无论怎么发展科技，都不能缺少生命的道德精神，因为，有了道德，人生才会开花。晚年巴金曾这样说明生命的意义："我平时喜欢引用法国哲学家居友的话，我们每个人有更多的同情、更多的爱，比维持我们生存需要的多得多，我们应该把它分散给别人，这就是生命

---

① 张世英：《哲学导论》，北京：北京大学出版社，2002年，第123—124页。

开花。（大意）所以道德规范的最高目标就是奉献自己。一个人要想长久活下去，只有把生命奉献给社会，奉献给人民。道德不只是利他的，也是利己的；奉献不仅是为别人，也是为自己，生命的意义就在于奉献。我们每个人都需要生命开花，每棵树都需要雨露滋润，离开了社会，我们都会枯死。有了道德，人生才会开花。"①

这就是说，我们要以爱和同情来帮助别人，以此浇灌生命，让生命开花。众所周知，帮助别人对自己也是极为有益的，因为，这样会产生一种责任感、自豪感和成就感，从而让人心情愉悦，对此，医学理论可以证明这一点。在帮助别人时，我们会受到爱心的润泽，使体内形成一种内啡肽。这种内啡肽能与大脑细胞膜上的吗啡受体相结合，从而使人产生一种镇静、愉悦之情。带着这种镇静、愉悦之情，生活也充满了阳光，身体也容易处于良好的状态。现代医学表明，长寿者之中，绝大多数有乐于助人、甘于奉献的精神。另外，乐善好施还容易受到亲朋好友的感恩，这时，自己也感觉心舒体泰、轻松愉快。这种感觉，不也是一种幸福的体验吗？况且，人生好比是海浪，有时起，有时落。我们也难免有求人的时候，在这个时候，我们更能理解道德生命的意义了。中华民族之所以历经千万，越来越焕发其伟大的光芒，主要在于"积善成德""得道多助"。

总之，美是生命，而且是道德生命的呈现。

---

① 巴金：《巴金译文全集》第10卷，北京：人民文学出版社，1997年，第519—520页。

真善美合一的"化境"

讲美学，讲到最后，是人生境界的问题。人生境界是有层次的，冯友兰认为境界有四个层次，分别是：自然境界、功利境界、道德境界和天地境界。其中，天地境界就是圣贤境界，或者又叫作"化境"。

化境，简而言之，就是真善美的合一。提出这种理论的人物，就是现代新儒学代表人物牟宗三。

"化境"一词虽然不是牟宗三首创，但是，牟宗三把"化境"等同于"即真即美即善"，或美学中的"合一说"，其功劳是无可置疑的。① 牟宗三以建立道德的形上学为己任，认为这样才是真正的圆教。所谓道德的形上学，是依道德的进路来谈论形而上学，也就是即道德即存有的合一，从内在方面来讲，是道德学；从超越层面来讲，则是形上学。依此哲学基础，其"化境"就是道德的形上学的一种体现。

牟宗三以"善"为基石，让真善美打成一片，给化境赋予了

---

① 余群：《论牟宗三"化境"说的美学内涵》，《哲学与文化》2019年第9期。

新的内涵，从而超越了康德真、美、善的分别说。

　　牟宗三在《圆善论》中说："康德说的真美善是分别说的。这并不是我们所了解的增减之合一。合一有两个意义，一是如康德所说把三者合在一起成一大系统，这大系统其实是分别说的。另一意义是中国人所了解的真美善之合一。这是说一物同时即真、即美、即善。这意思是康德所没有说到的；西方哲学没有这了解，没有这境界。但中国人最喜欢谈这问题，即真、即美、即善，合在一起；其中有真的成分、美的成分，也有善的成分。"①牟宗三认为，康德所说的真善美的合一，是三者的相加，而不是三者的相融。西方人没有中国人把真善美三者完全融为一体，你中有我、我中有你的觉解。康德把真善美三者相加，分别论述通过外离的方式，使它们组合在一起。康德三大批判，即《纯粹理性批判》《实践理性批判》《判断力批判》，就分别探讨真、善、美的问题。起初，康德写了前面两大批判，思考着人类怎样以纯粹理性为自然立法，而以实践理性为自身立法，但后来感觉只有真和善仍然是不够的。这两者必须联系起来，才算完整。于是，又开始写《判断力批判》，认真分析美的规律和作用。也就是说，康德想通过"美"（或者说"审美判断力"）的桥梁作用，来沟通真与善的关系，从而使自然与自由两相契合，使人类最终能够从自然走向自由之境地。

　　但是，康德以美为桥梁来贯通真与善的方式，牟宗三并不赞

①　牟宗三：《圆善论》，台北：联经出版事业股份有限公司，2003年，第334页。

同。牟宗三认为，康德是采用一种外离的方式，使三者叠合在一起，这样是行不通的。况且，美也没有这个能力，承担不起这个任务，西方人将真善美分开又强行扭合的方式并不可取。而中国传统文化中的真善美合一的思想本身就是一种高深的智慧，值得我们后人关注并传承。

自古以来，我们就没有把真善美有意识地区分开来。例如，孟子在《尽心下》有言："可欲之为善，有诸己之谓信，充实之谓美，充实而有光辉之谓大，大而化之之谓圣，圣而不可知之之谓神。"这里面的圣神是臻于化境了。其中，以善为基础，充实之则为美。发为光辉，则为真。此真不是认识论的真，而是存在论的真。真善美进入真无真相、善无善相、美无美相，就是无相之相的化境。

可见，"化境"作为审美范畴，其内涵是"即真、即美、即善"，但与之相比，"化境"更具有意义生成的能力。从这个方面来说，"化境"就是《周易》中的"太极"，就是真善美的化而为一、合而为一。金岳霖在《论道》中说："太极为至，就其为至而言之，太极至真，至善，至美，至如。"①"化境"也是《老子》中的"道"，其内涵可谓"大象无形，大音希声"，集中体现了天人合一的传统理念。

化境理论的提出，显然是基于我国天人合一之思想而来的，当然，这种思想可谓由来已久。《周易》构建的天地人三才的思维

---

① 金岳霖：《论道》，北京：商务印书馆，1987年，第212页。

模式，就为后世指明了这个方向。到了宋代，张载明确地提出了"天人合一"的理论，并在此基础上阐明了做人的担当。张载在《正蒙·乾称篇》有言："乾称父，坤称母。予兹藐焉，乃混然中处。故天地之塞，吾其体；天地之帅，吾其性。民，吾同胞；物，吾与也。"这就是视天下无一物而非我的境界，也是程颢"仁者与天地万物浑然一体"的情怀，更有刘宗周"人者与天地万物为一体"的胸襟。刘宗周认为，如果必待"仁者"而后才能与"万物浑然一体"，则物与我毕竟还有些隔膜。只有人与万物浑然一体，才是真正地消灭物我之隔，成为即物、即我的天地境界了。

所以，美的化境，必然是以善为其根本的。对于人而言，善之性，更是为人之本。当然，善性早已见之于我们的天赋之中，孟子"性善"论，就充分肯定了这一点，后世圣贤也不断提醒我们不要忘记美好的本心本性。王阳明在《月夜·其一》有言："肯信良知原不昧，从他外物岂能撄！"这说明了良知本来就是光洁明亮的，不是外物所能干扰的。刘宗周在《学言上》有言："天之所以与我者，甚美且富。如子弟承父兄基业，既有良田广宅，又有百物器皿，又有珍奇玩好，又有读书礼乐，无所不备，于此而不能守成，至于一一荡尽，身受饥寒，岂不辜负先人，为不肖之甚乎？人生具有仁义礼智之性，一似好家当，总或汩没了一端，却又有一端。如有时不见恻隐之心，便须有羞恶之心；有时不见辞让之心，便须有是非之心。四者更隐迭见，一见则全体皆见，终无由入禽兽一途去。似上天曲曲启牖，扶持安全，较之祖父荫佑，尤为百倍，于此而不能反身承受，必欲一一戕贼而后已，虽天亦无如何矣，哀哉！"[1]

正因为"仁者，人也"，仁爱是人之天性与根本，所以，"善"对于"美"的规范和引领作用，也就显得更加重要了。牟宗三在《从陆象山到刘蕺山》中说："人生全体固不只道德，然必以道德为本。如是，若进而再以道德融摄知识，则道问学亦可得其分矣。"[2]牟宗三认为，人生虽不仅仅包括道德，但应以道德为根本，因此，在真善美中，道德之善居于优先的地位。所以，牟宗三特别重视"仁""善"等内涵，并认为"善"与"福"合一，就是"圆善"（圆满的善），这也就是人生最大的幸福了。

在生活中，在艺术上，化境就是意境、境界，当然也是真善美合一的体现。这方面的作品比比皆是，举不胜举。例如，陶渊明《饮酒·其五》中的"此中有真意，欲辨已忘言"，就是一种化境，而且是艺术上的化境。那时，作者观赏四周的景色，体悟到了其中的真意，妙不可言。此情此景，是真、是美，当然也是善的、可欲的，而不可能是可恶的，否则，陶渊明也不会流连忘返、诗兴大发了。类似的还有朱熹在《观书有感·其一》有言："半亩方塘一鉴开，天光云影共徘徊。问渠那得清如许？为有源头活水来。"朱熹认为，要保持善良心性的澄明，就应当多读经典。当然，此诗不是单纯议论，而是以优美的源头活水来进行比喻，反

---

① 吴光主编：《刘宗周全集》第2册，杭州：浙江古籍出版社，2007年，第369页。

② 牟宗三：《从陆象山到刘蕺山》，台北：联经出版事业股份有限公司，2003年，第438页。

映了池塘之水永葆清澈的真相，妙趣横生，耐人寻味。辛弃疾在《西江月·夜行黄沙道中》有言："明月别枝惊鹊，清风半夜鸣蝉。稻花香里说丰年，听取蛙声一片。七八个星天外，两三点雨山前。旧时茅店社林边，路转溪桥忽见。"在这里，"稻花香里说丰年，听取蛙声一片"，是全诗的亮点，它描写了夏天农村的丰收景象，流露了作者无比喜悦的心情，是真，是善，也是美。

总之，"化境"理论是人生与艺术的合一，是"为人生而艺术"的典范，是对王国维"境界"理论和冯友兰"人生境界"理论的发展和提升。"化境"既是静态的，也是动态的；是静虚动直，是道德而又超道德的世界，是情顺万物而无情的胸襟；是本体与工夫、现象与存在的融合；是向内与向外、内圣与外王的统一，并达到了虚实相生、有无相映的境界，即"物物而不物于物"的圣境。对此至境，我们要以智的直觉来观照、领悟，那就是，不听之以耳，而听之以心；不听之以心，而听之以气，并依此而感受内在情感与自然节律的一致，从而获得最佳的审美体验，感受最大的幸福快乐！

参考文献

阿恩海姆：《艺术与视知觉》，滕守尧、朱疆源译，成都：四川人民出版社，1998年。

巴金：《巴金译文全集》第10卷，北京：人民文学出版社，1997年。

柏拉图：《文艺对话集》，朱光潜译，北京：人民文学出版社，1963年。

北京大学哲学系美学教研室编：《西方美学家论美和美感》，北京：商务印书馆，1980年。

曹雪芹：《红楼梦》，北京：人民文学出版社，2005年。

车尔尼雪夫斯基：《艺术与现实的审美关系》，周扬译，北京：人民文学出版社，1979年。

陈寿：《三国志》，裴松之注，北京：中华书局，1999年。

邓晓芒、易中天：《黄与蓝的交响——中西美学比较论》，武汉：武汉大学出版社，2007年。

杜维明：《杜维明文集》第3卷，武汉：武汉出版社，2002年。

范晔：《后汉书》，北京：中华书局，1973年。

方东美：《生生之美》，北京：北京大学出版社，2009年。

冯友兰：《三松堂全集》第4卷，郑州：河南人民出版社，1986年。

伽达默尔：《哲学解释学》，夏镇平、宋建平译，上海：上海译文出版社，2004年。

伽达默尔：《真理与方法》，上海：上海译文出版社，1999年。

高尔基：《高尔基选集·文学论文选》，孟昌、曹葆华译，北京：人民文学出版社，1959年。

高尔泰：《美是自由的象征》，北京：人民文学出版社，1986年。

高明：《琵琶记》，北京：中华书局，1958年。

顾绍柏：《谢灵运集校注》，郑州：中州古籍出版社，1987年。

郭庆藩：《庄子集释》，王孝鱼点校，北京：中华书局，1961年。

哈奇森：《论美与德性观念的根源》，高乐田、黄文红、杨海军译，杭州：浙江大学出版社，2009年。

海德格尔：《存在与时间》，陈嘉映、王庆节译，北京：生活·读书·新知三联书店，1987年。

海德格尔：《海德格尔选集》，孙周兴编译，上海：上海三联书店，1996年。

海德格尔:《荷尔德林诗的阐释》,孙周兴译,北京:商务印书馆,2002年。

海德格尔:《尼采》上卷,孙周兴译,北京:商务印书馆,2002年。

海德格尔:《在通向语言的途中》,孙周兴译,北京:商务印书馆,2004年。

黑格尔:《美学》第1卷,朱光潜译,北京:商务印书馆,1979年。

黄仕忠:《〈琵琶记〉与中国伦理社会》,《文学遗产》1996年第3期。

黄寿祺、张善文译注:《周易译注》,上海:上海古籍出版社,2007年。

金岳霖:《论道》,北京:商务印书馆,1987年。

康德:《论优美感和崇高感》,何兆武译,北京:商务印书馆,2001年。

康德:《判断力批判》,宗白华译,北京:商务印书馆,1985年。

克雷奇等:《心理学纲要》下册,周先庚、林传鼎、张述祖等译,北京:北京文化教育出版社,1981年。

拉尔夫·史密斯:《艺术感觉与美育》,滕守尧译,成都:四川人民出版社,1998年。

李渔:《李渔全集》第4卷,杭州:浙江古籍出版社,2010年。

李泽厚：《论语今读》，合肥：安徽文艺出版社，1998年。

李泽厚：《美学三书》，合肥：安徽文艺出版社，1999年。

李泽厚：《中国古代思想史论》，北京：人民出版社，1985年。

林语堂：《吾国与吾民》，上海：学林出版社，1995年。

刘纲纪：《艺术哲学》，武汉：湖北人民出版社，1986年。

柳宗元：《柳河东集》，上海：上海人民出版社，1974年。

鲁迅：《鲁迅全集》第1卷，北京：人民文学出版社，2005年。

陆梅林辑注：《马克思恩格斯论文学与艺术》上册，北京：人民文学出版社，1982年。

马承源主编：《上海博物馆藏战国楚竹书（一）》，上海：上海古籍出版社，2001年。

马克思、恩格斯：《马克思恩格斯文集》第23卷，北京：人民出版社，1972年。

马克思、恩格斯：《马克思恩格斯文集》第3卷（上），北京：人民出版社，1960年。

马克思、恩格斯：《马克思恩格斯文集》第47卷，北京：人民出版社，1979年。

马克思、恩格斯：《马克思恩格斯文集》第5卷，北京：人民出版社，2009年。

马克思：《1844年经济学哲学手稿》，刘丕坤译，北京：人民出版社，1979年。

马斯洛：《自我实现的人》，许金声、刘锋等译，北京：生活·读书·新知三联书店，1987年。

　　孟庆枢主编：《西方文论选》，北京：高等教育出版社，2002年。

　　牟宗三：《从陆象山到刘蕺山》，台北：联经出版事业股份有限公司，2003年。

　　牟宗三：《康德：判断力之批判》，西安：西北大学出版社，2008年。

　　牟宗三：《康德第三批判讲演录（二）》，《鹅湖月刊》第26卷第4期。

　　牟宗三：《牟宗三先生全集》第27册，台北：联经出版事业股份有限公司，2003年。

　　牟宗三：《牟宗三先生全集》第31册，台北：联经出版事业股份有限公司，2003年。

　　牟宗三：《生命的学问》，桂林：广西师范大学出版社，2005年。

　　牟宗三：《圆善论》，台北：联经出版事业股份有限公司，2003年。

　　彭富春：《哲学美学导论》，北京：北京大学出版社，2005年。

　　钱穆：《孔子与论语》，台北：联经出版事业股份有限公司，1974年。

　　钱穆：《钱宾四先生全集》第39册，台北：联经出版事业股份有限公司，1998年。

桑塔耶纳:《美感》,缪灵珠译,北京:中国社会科学出版社,1982年。

沈子丞编:《历代论画名著汇编》,台北:世界书局,1984年。

叔本华:《作为意志和表象的世界》,石冲白译,北京:商务印书馆,1982年。

舒斯特曼:《生活即审美:审美经验和生活艺术》,彭锋等译,北京:北京大学出版社,2007年。

汤显祖:《汤显祖戏曲集》全二册,钱南扬校点,上海:上海古籍出版社,1978年。

滕守尧:《审美心理描述》,成都:四川人民出版社,1998年。

童庆炳:《维纳斯的腰带——创作美学》,上海:上海文艺出版社,2001年。

王弼:《集唐字老子道德经注》,上海:世界书局,1935年。

王季思主编:《中国十大古典悲剧集》,济南:齐鲁书社,1991年。

王文锦:《礼记译解》,北京:中华书局,2016年。

王阳明:《王阳明全集》,上海:上海古籍出版社,1992年。

王恽:《秋涧集》,文渊阁《四库全书》,台北:台湾商务印书馆,1968年。

威廉·巴雷特:《非理性的人:存在主义哲学研究》,杨照明、艾平译,北京:商务印书馆,2004年。

威廉·詹姆士:《宗教经验之种种——人性之研究》,唐钺译,北京：商务印书馆，2002年。

维特根斯坦：《逻辑哲学论》，北京：商务印书馆，1985年。

魏源：《魏源全集·诗古微》，长沙：岳麓书社，2005年。

吴光主编：《刘宗周全集》第2册，杭州：浙江古籍出版社，2007年。

伍蠡甫主编：《西方古今文论选》，上海：复旦大学出版社，1984年。

席勒：《美育书简》，徐恒醇译，北京：中国文联出版公司，1984年。

徐复观：《中国艺术精神》，武汉：湖北人民出版社，2009年。

许慎：《说文解字注》，段玉裁注，上海：上海古籍出版社，1981年，第146年。

杨春时：《美学》，北京：高等教育出版社，2004年。

杨树达：《论语疏证》，上海：上海古籍出版社，1986年。

杨辛、甘霖：《美学原理新编》，北京：北京大学出版社，2010年。

姚春鹏译注：《黄帝内经》，北京：中华书局，2010年。

姚淦铭、王燕主编：《王国维文集》，北京：中国文史出版社，1997年。

叶朗：《美学原理》，北京：北京大学出版社，2009年。

余群：《论牟宗三"化境"说的美学内涵》，《哲学与文化》2019年第9期。

余群:《牟宗三"审美力"范畴蠡测》,《哲学与文化》2020年第8期。

袁行霈主编:《中国文学史》第3卷,北京:高等教育出版社,2003年。

张双棣:《淮南子校释》,北京:北京大学出版社,1997年。

章培恒、骆玉明主编:《中国文学史》,上海:复旦大学出版社,1997年。

郑樵:《通志二十略·乐略第一》,北京:中华书局,1995年。

朱东润主编:《中国历代文学作品选》中编·第二册,上海:上海古籍出版社,1979年。

朱东润主编:《中国历代文学作品选》中编·第一册,上海:上海古籍出版社,1979年。

朱光潜:《西方美学史》,北京:人民文学出版社,1979年。

朱光潜:《朱光潜全集》第1卷,合肥:安徽教育出版社,1987年。

朱光潜:《朱光潜全集》第2卷,合肥:安徽教育出版社,1987年。

朱光潜:《朱光潜全集》第6卷,合肥:安徽教育出版社,1987年

朱光潜:《朱光潜全集》第7卷,合肥:安徽教育出版社,1987年。

朱熹：《四书章句集注》，北京：中华书局，1983年。

庄子：《庄子》，杨柳桥译注，上海古籍出版社，2007年。

宗白华：《宗白华全集》第2卷，合肥：安徽教育出版社，1994年。

Shaftesbuy, "Characteristicks of Men, Manners, Opinions," *Times*, 2001(2): 237.

后　记

　　写作是一个极其辛苦的活儿。虽然在教学之中有不少心得和体会，这些内容可以在课堂上随意挥洒、脱口而出，但是，想要把它们写成著作，却有相当的难度。因为，得之于手，比得之于眼，甚至比得之于心，更为艰难。在写作中，心手不应的情况，屡见不鲜。所以，没有相当的热情和耐力，是无法完成这份艰苦的工作的。这也意味着，坐冷板凳是不可避免的事情。

　　我撰写此书，并没有太多的功利色彩，主要是为了表达自己对于美学的理解和体悟，以便更好地引导学生喜爱美学、学好美学。其实，美学，从某种角度来说，就是伦理学。所以，学好美学，可以提高我们的道德修养，提升我们的审美情趣。在美学的学习中，我们会更加懂得这么一个道理：幸福与审美，是孪生兄弟。也就是说，一团和气好运来。因为，一个人如果想要得到好运气，享受幸福的生活，就应当把自己变成一个审美的人，与人为善，并发现和赞美别人的美。事实上，美与其说是在对象上，还不如说在观赏者的心灵里、眼睛中。美，就是心灵与眼睛的闪光。

当今社会，科技迅猛发展，我们的感性受到了前所未有的压抑，所以恢复天性，保持感悟与理性的动态平衡，从而增强自身的审美力，就成为迫在眉睫的任务。因为，审美力就是竞争力，所以，推广美学，是我们教育工作者义不容辞的使命和责任。

当然，仅有个人的努力是远远不够的，还要依赖于各位有识之士的厚爱和提携。本书出版之时得到了浙江大学出版社吴伟伟编辑的鼎力支持。由于她的善意和帮助，本书才得以顺利与大家见面。

需要特别补充的是，本书的形成主要来源于自己的教学实践。可以这么说，没有那些活泼可爱的学生，没有他们的热情捧场，没有他们的耐心倾听，我就不会有那么多的激情，也不会有那么多的灵感。所以，每当看到学生年轻的脸蛋，听到他们轻柔的声音，我就无比快乐，感觉与他们一样，回到了青春的美好时光。所以，在本书的最后，我真诚地奉上自己的一首小诗《宁静的眼神》。这首小诗的灵感，源于学生的眼神，那种眼神，深深地打动了我，所以我情不自禁地要表达出来。此事发生在我为2016级中文系本科生讲授美学的课堂上，所以，我又在讲台上激动地朗诵了此诗，而他们也报以热烈的掌声，让人终身难忘、回味无穷。

宁静的眼神

明亮的教室

洒满了光辉

整整齐齐的桌椅

装点着青春靓丽

一张张朝气蓬勃的脸

好像初升的太阳

一个个宁静柔和的眼神

宛如晚上的月亮

小小讲台是我绿色的田园

清晨为我迎来灿烂的朝阳

傍晚为我送走绚丽的晚霞

我企盼手指轻轻一点

书本就是迷人的春天

我希望叫停羲和的六龙

以便上课的时光停留

我多想拿起手机

趁你们聆听之时

定格专心致志的瞬间

我要仔细欣赏每一张笑脸

还有那安闲的眼神

好让我的心儿慢慢融化

能与你们一样

青春常在，岁月不老

图书在版编目（CIP）数据

美学新语 / 余群著. — 杭州：浙江大学出版社，
2021.12（2022.6重印）

ISBN 978-7-308-21702-6

Ⅰ.①美… Ⅱ.①余… Ⅲ.①美学—研究 Ⅳ.
①B83

中国版本图书馆CIP数据核字(2021)第174888号

美学新语

余　群　著

策划编辑	吴伟伟
责任编辑	宁　檬　马一萍
责任校对	陈逸行
封面设计	雷建军　姚　瑶
出版发行	浙江大学出版社
	（杭州市天目山路148号 邮政编码310007）
	（网址：http://www.zjupress.com）
排　　版	杭州林智广告有限公司
印　　刷	广东虎彩云印刷有限公司绍兴分公司
开　　本	880mm×1230mm　1/32
印　　张	8.625
字　　数	176千
版 印 次	2021年12月第1版　　2022年6月第2次印刷
书　　号	ISBN 978-7-308-21702-6
定　　价	48.00元

版权所有　翻印必究　印装差错　负责调换
浙江大学出版社市场运营中心联系方式：（0571）88925591;http://www.zjdxcba.tmall.com